高校辅导员工作
与教育管理研究

舒小东 吴音萃 著

九 州 出 版 社
JIUZHOUPRESS

图书在版编目(CIP)数据

高校辅导员工作与教育管理研究 / 舒小东,吴音萃
著. -- 北京 :九州出版社,2024.5
ISBN 978-7-5225-2941-7

Ⅰ.①高... Ⅱ.①舒...②吴... Ⅲ.①高等学校 - 辅
导员 - 工作 - 研究②高等学校 - 教育管理 - 研究 Ⅳ.
①G645.1②G640

中国国家版本馆 CIP 数据核字(2024)第 101840 号

高校辅导员工作与教育管理研究

作　　者	舒小东　吴音萃　著
责任编辑	杨鑫垚
出版发行	九州出版社
地　　址	北京市西城区阜外大街甲 35 号(100037)
发行电话	(010)68992190/3/5/6
网　　址	www. jiuzhoupress. com
电子信箱	jiuzhou@jiuzhoupress. com
印　　厂	永清县晔盛亚胶印有限公司
开　　本	787 毫米×1092 毫米　16 开
印　　张	10.5
字　　数	139 千字
版　　次	2025 年 1 月第 1 版
印　　次	2025 年 1 月第 1 次印刷
书　　号	ISBN 978-7-5225-2941-7
定　　价	58.00 元

前　言

　　辅导员不仅是一种高尚可敬的职业，也是一项大有可为的事业。辅导员是高校教师队伍的重要组成部分，是开展大学生思想政治教育的重要力量，起着大学生政治上的引导、思想上的教育、行政上的管理和心理健康知识的传导等多方面的作用，既承载了党、国家和社会的要求，又承担了高校赋予的使命和大学生的成长成才的需要，担负着培养人、教育人的重要责任。面对时代发展的新的要求，以及当代大学生成长、成才的新的特点，辅导员工作还将遇到许多新问题、新机遇和新挑战，因此建设一支政治强、业务精、纪律严、作风正的辅导员队伍显得十分重要。

　　本书是关于高校辅导员工作与教育管理研究方向的著作，从高校辅导员工作概述、工作的基本原则、学生职业发展教育与就业指导、学生班级与学风建设管理、学生事务管理与危机应对这几个方面展开论述。全书基于辅导员的实际工作，提出处理建议，并进行延伸启发，让读者能够更好地理解和把握辅导员工作的方法和尺度。本书既可作为辅导员培训的参考资料，又能作为辅导员的工作指南。

　　笔者在撰写本书的过程中，查阅和借鉴了大量的相关资料，在此向其作者表示诚挚的感谢。书中难免出现纰漏，恳请广大读者指正。

目　录

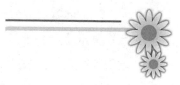

第一章 高校辅导员工作概述

第一节 高校辅导员及其重要性

一、高校辅导员

"高校"即"高等学校",是以实施高等教育为主要职能的机构。在我国,高校分普通高等学校和成人高等学校两类。前者包括大学、独立设置的学院、高等专科学校和高等职业学校;后者包括广播电视大学、职工高等学校、农民高等学校、管理干部学院、教育学院、独立函授学院和普通高等学校举办的函授部(学院、班)、夜大学校等。

辅导员制度是目前大学普遍采取的一种学生管理制度。因此,辅导员一般专指高校辅导员。在我国,辅导员的全称是学生政治辅导员,辅导员这一角色诞生于特定的历史时期,其概念是与时俱进的,随着时代的发展而变化。如今人们对辅导员这一角色已经达成了共识,即辅导员是我国高校中从事学生思想政治工作和学生管理的人员,是促进学生在校期间德、智、体、美、劳全面发展的导师,是高校思想政治工作队伍的重要组成部分,是学校领导和学生之间的联系纽带,是党的工作的具体执行者。

二、高校辅导员的重要性

高等教育是以培养高级人才为目标的高层次教育,高校则是培养人才的场所。我国的教育方针即教育必须为社会主义现代化建设服务，必须与生产劳动相结合，培养德、智、体、美、劳全面发展的社会主义事业建设者和接班人。高校中的思想政治工作，就是为了实现这一目标，做学生的思想教育、转化和引导工作，而最直接承担这一任务的人员就是辅导员。高校辅导员所承担的工作任务，决定了他们在高等教育中的重要性。

（一）辅导员是大学生思想政治教育的骨干力量

目前我国已进行高等教育普及化阶段，大学入学人数迅速增加，办学层次以及办学形式发生了显著变化。由于学校管理还存在一些薄弱环节，安全问题、生活问题、心理问题等引发的事件时有发生，社会上的各种矛盾也在高校里有所反映。因此，高校的发展必须兼顾社会的需求，培养出勤奋务实、适应社会发展的人才。在观念多元化的大学校园里，树立正确的主导思想至关重要，对大学生的世界观、人生观、价值观的形成都有深远的影响，而身处第一线的辅导员最贴近学生的学习、生活、情感等各个方面，能及时掌握第一手信息，引导大学生正确对待学习、生活、情感和就业等方面的问题，及时避免和化解矛盾，维护高校和谐、安全与稳定。

（二）辅导员是沟通高校管理者与学生的桥梁

在具体工作中，辅导员是学校党政领导联系学生的主要纽带。面对高校日益错综复杂的环境，为了更加有效地加强高校管理者与学生之间的沟通与交流，辅导员要对学校规章制度、相关政策起到上传下达的作用。学校的许多工作都需要广大学生的积极响应和热情参与，在工作中面临的一些困难也需要得到广大学生的理解和支持。辅导员是使广大学生全面理解党和国家的方针政策，以及学校的办学思想的重要保证。大学生的日常管理也离不开辅导员的辛勤工作，高校如果没有辅导员对大学生进行比较规范的日常管理，可能会呈现出一片混乱不堪的景象。辅导员的工作量是相当大的，主要涉及大学生的注册、奖学金的评定、社会实践活动的组织、贫困生的资助、宿舍卫生的检查、校园文化活动的组织开展、学生党团工作、心理辅导、就业指导等。其中的任何一项具体工作如果缺少辅导员，都难以得到真正落实。

（三）辅导员是高等学校教师队伍的重要组成部分

辅导员是高等学校教师队伍和管理队伍的重要组成部分，具有教师和干部的双重身份。高校辅导员是高校学生最直接的管理者和教育者，是长期战斗在高校思想政治工作第一线的生力军，他们既要用自己的一言一行去教育、影响学生，又要对学生的言行及一切有关学生方面的工作效果负直接或间接的责任。

第二节　高校辅导员工作内容

高校辅导员与大学生之间关系密切，相较于专业课教师，辅导员和大学生的接触更多，他们的工作范围更广，工作内容更丰富。辅导员工作的每项内容都与大学生的成长成才有密切联系，并且会随着时代发展而不断优化和完善。

一、大学生思想政治教育与引导

（一）理想信念教育

1. 大学生理想信念教育的主要任务

理想信念教育始终是大学生思想政治教育的一项重要任务，其主要内容是以理想信念教育为核心，让大学生树立正确的世界观、人生观和价值观，用马克思列宁主义、毛泽东思想、邓小平理论、"三个代表"重要思想、科学发展观以及习近平新时代中国特色社会主义思想武装大学生的头脑，深入开展党的基本理论、基本路线、基本纲领和基本经验教育，开展中国革命建设和改革开放的历史教育，开展基本国情和形势政策教育，开展科学发展观教育，使大学生正确认识社会发展规律，认识国家的前途命运，认识自己的社会责任，确立在中国共产党领导下走中国特色社会主义道路、实现中华民族伟大复兴的共同理想和坚定信念。引导大学生不断追求更高的目标，使他们中的先进分子树立共产主义的远大理想，确立马克思主义的坚定信念。理想信念教育当前最突出的是加强"四信"教育，即马克思主义信仰教育、共产主义信仰教育、社会主义信心教育和对共产党的信任教育。

2. 大学生理想信念教育的途径和方法

在大学生群体中开展理想信念教育，要采取合适的教育途径和教育方法，尤其是在大学生理想信念日益薄弱的今天，更需要在途径、方法层面与时俱进，求得实效。

（1）加强社会实践，发挥实践功效

理想信念教育既需要理论上的学习，也需要实践上的体验，更需要两者的结合与升华。社会实践是培养创新精神、协作精神、实践能力和社会交往能力的重要途径。在社会实践中，要引导学生健康成长和成才，使学生接触社会、了解社会、服务社会，要坚持"学知识、受教育、长才干、做贡献"的原则，开展以大学生就业现状、基层民主建设、传统文化保护现状等调研类为主要内容的形式多样的社会实践活动，让学生在实践中得到锻炼，在实践中成才。

（2）强调大学生主体性，激发大学生积极性

在充实、丰富理想信念教育内容的基础上，贴近生活、贴近实际、贴近学生，减少说教，体现出层次性和灵活性，开展形式多样化和实践化的教育，激发大学生的主体性和参与性，增强理想信念教育的亲和力与影响力。

（3）建设良好校园环境，发挥校园文化的熏陶作用

作为学校精神、传统、作风的综合体现，校园文化具有内在的教育导向和潜移默化的功能，有助于传递文化知识、陶冶情操、活跃课余生活、疏导消极情绪等。充分发挥校园文化的熏陶作用，有助于提升理想信念教育的境界、层次和水平。

（4）加强统一领导，充分发挥党团组织的思想政治组织优势

在对党员培养、管理和教育的过程中，加强党员先进性教育，充分发挥他们在理想信念教育中的骨干带头作用和先锋模范作用。发挥团组织在教育、团结和联系大学生方面的优势，竭诚为大学生的成长成才服务，从对学生的成长成才的关心、关怀入手，提供良好服务，针对学生内心深处存在的问题，找准症结，把道理讲清楚，把是非搞明白，在潜移默化中让大学生接受理想信念教育，增强理想信念教育的渗透力和辐射力。

（二）民族精神教育

1. 大学生民族精神教育的主要任务

历史证明，任何一个国家、任何一个民族的发展和前进，都不能缺少民族精神，它作为一种精神动力，是促使一个国家、一个民族发展和前进的精神基础和动力支持。在高校中进行民族精神教育需要以爱国主义教育为重点，深入开展中华民族优良传统和中国革命传统教育，开展各民族平等团结教育，培养团结统一、爱好和平、勤劳勇敢、自强不息的精神，树立民族自尊心、自信心和自豪感，要把以爱国主义为核心的民族精神教育与以改革创新为核心的时代精神教育结合起来，引导大学生积极投身中国特色社会主义事业的伟大实践，在时代和社会的发展进步中汲取营养，培养爱国情怀、改革精神和创新能力，始终保持艰苦奋斗的作风和昂扬向上的精神状态。对大学生进行民族精神教育，还需引导大学生继承、传播、发扬和创新民族的先进文化，培养大学生爱祖国、爱人民、爱劳动、爱社会主义的情感，将自己的理想与祖国的前途、民族的振兴联系起来，将个人的荣辱得失与祖国的兴衰强弱联系起来，树立高度的社会责任感和历史使命感，为民族的伟大复兴贡献力量。

2. 大学生民族精神教育的途径和方法

和理想信念教育一样，民族精神教育也是一项复杂的系统工程。在

高校中培育和践行民族精神，不仅要发挥各门学科的教育作用，还要发挥思想政治理论课的主渠道作用，更要发挥日常思想政治教育的主阵地作用，采用多种途径和方法，激发大学生的主体性，深化、升华民族精神教育，提高民族精神教育的亲和力、渗透力和辐射力，切实提高民族精神教育的实效。

（1）充分发挥校园文化的熏陶作用

深度发掘新时代中华民族精神，用富有时代气息的鲜活精神充实教育内容，融入丰富多彩的校园文化活动，集传统文化教育、国情国史教育、现代社会公民意识、国家意识教育、中国特色社会主义建设精神教育、和谐宽容和志愿奉献精神教育、现代公民人格精神教育、人生价值和生命精神教育于一体，激发大学生的爱国情感和报国志向。

（2）充分发挥思想政治教育的渗透作用

在日常思想政治教育中，深入开展传统文化和传统道德教育、革命传统教育、国情省情教育、形势政策教育，让学生认识中华民族的过去、现在和未来，了解中华民族辉煌灿烂的文化。

（3）充分发挥大学生的主体性和积极性

随着时代的进步，传统的教育模式已经不适应当前的大学生教育，开展科学有效的民族精神教育必须充分尊重大学生的主体性，激发他们的积极性。具体来说，要根据学生的思想特点和成长规律，以多样化的群体组织、多样化的活动开展深入浅出的爱国主义教育，充分发挥学生在民族精神教育中的主体作用，激发学生的积极性和主动性，引导学生主动参与，积极配合，在参与的过程中培育和弘扬民族精神。

（三）公民道德教育

1. 大学生公民道德教育的主要任务

道德教育指一定社会或集团为使人们自觉遵循其道德行为准则，履行对社会和他人的相应义务，而有组织、有计划地施加系统的道德影响。比较完整的道德教育过程一般包括提高认识、陶冶情感、磨炼意志、确立信念和培养行为习惯等主要环节。与通常的知识教育相比，道德教育具有交融性、重复性、强烈实践性和渐进性等特点。社会主义社会的道德教育，主要是培养公民的共产主义道德品质，提高公民的积极主动性，推动社会秩序和社会风气的不断改善。它既从现实经济政治关系的实际需要和可能出发，又着眼于公民思想道德境界的不断升华。它不仅注重清除一切旧道德的消极影响，积极配合和保证政治、法律、知识、审美等方面的教育，更注重培养公民的社会责任感和道德选择能力。

2. 大学生公民道德教育的途径和方法

（1）打造良好教育环境，营造舒适学习氛围

公民道德教育既需要家庭教育，又需要社会教育，需要家庭、社会和学校的合力，更重要的是善于发挥大学生的主体意识，尤其是在道德方面的主体性，引导学生在学习、工作和生活中充分开展自我教育、自我管理和自我服务。同时要实践道德规范，因地制宜，因人而异，开展贴近学生、贴近生活、贴近现实的道德教育，并利用多媒体、网络等现代信息技术，开展多样化、生活化、人本化的公民道德教育。还应组织学生开展勤工俭学、社会调查、社会实践、社区服务等社会活动，引导学生在实践中体会、体验、认同、内化道德规范，把握做人做事的规范与尺度，养成良好的观念和习惯。

辅导员应该开展全方位的道德教育，从班级文化建设、社团文化建设和校园文化建设入手，开展具体可行的教育活动；增强大学生公民道德教育的形象性、具体性、趣味性和感染性；增强公民道德教育的渗透力、辐射力和影响力，建设良好的学风、考风和校风，营造大学生公民道德教育的良好氛围，形成大学生公民道德教育的合力。

（2）尊重大学生主体性，加强教育针对性

随着时代的发展，大学生在教育中的主体地位愈加凸显，想要开展切实有效的道德教育，就必须充分尊重他们的主体性，加强教育的针对

性。大学生思想活跃，求知欲强，公民道德教育必须上升到一定的理论高度，帮助大学生系统掌握社会主义核心价值观体系，用马克思主义的道德观分析社会道德现象，解决相应的认识问题，提高大学生对道德的理性认识。同时，大学生应具有较高的知识文化水平，公民道德教育必须厚积薄发，具有一定的文化深度，用鲜活的事实、深厚的文化增强大学生对道德的文化性理解，提高大学生对道德的认同感。此外，大学生处于青春期，具有一定的叛逆性和独立性，公民道德教育宜潜移默化，具备一定的人性温度，从小事、身边事做起，由近及远，由己及人，由知到行，提高大学生的道德感。

"以人为本"是大学生公民道德教育的基础，在此基础上还应该增强教育的灵活性和辩证性。当代大学生更加务实、理性，面临着多方面的挑战，应引导大学生处理好公平与效率、义与利、知与行、德与才的关系，处理好传统与现代、中国与世界、先进与普通的关系，逐步建立因人而异而又适应社会不同层次、不同职业领域要求的道德体系。同时，丰富公民道德教育的内容、内涵，融入环境伦理、生态伦理、科技伦理、网络伦理教育与公民道德教育，引导大学生树立新的道德观。

（3）强调基本道德规范，加强基础性公民道德教育

辅导员开展大学生公民道德教育，首先要重视基础性道德教育，也就是说，要以基本道德规范为基础，在大学生中深入进行公民道德教育。认真贯彻《公民道德建设实施纲要》，以为人民服务为核心、以集体主义为原则、以诚实守信为重点，广泛开展社会公德、职业道德和家庭美德教育，引导大学生自觉遵守爱国守法、明礼诚信、团结友善、勤俭自强、敬业奉献的基本道德规范，坚持知行合一，积极开展道德实践活动，把道德实践活动融入大学生学习生活之中。

（4）强化道德意识，提高道德素质

结合大学生的年龄特点和文化层次，开展形式多样、内容丰富的学习教育和社会实践活动，引导大学生在实践活动中遵守日常行为规范，

从身边的事情做起，从具体的事情做起，着力培养良好的道德品质和文明行为，形成高尚的道德理念，升华自身道德境界。

（5）统筹全局，强调全面性

从大学生的实际情况出发，增强大学生对为人民服务思想的认识，积极探讨为人民服务的新形式，引导大学生不断追求更高的道德目标。引导大学生深刻领会集体主义精神，正确认识和处理集体和个人的利益关系，提倡个人利益服从集体利益，局部利益服从整体利益，当前利益服从长远利益，把个人的理想与奋斗融入广大人民群众的共同理想和奋斗之中，在为社会的奉献中体现自己的价值。加强法治教育和诚信教育，增强大学生的法律意识和守信意识，提高大学生守法的自觉性，用传统美德熏陶和教育大学生。

二、大学生成才发展指导教育

（一）大学生成才发展指导教育的主要任务

对大学生进行成才发展指导是辅导员的主要工作，以大学生的全面发展为目标，以服务学生成长成才为宗旨，针对大学生在求学过程中所面临的学业、就业、心理、生活等方面的各类发展性问题，通过教育、引导、咨询、辅导等多种方式和途径进行指导，激发大学生的潜能，使大学生成长为专业本领过硬、具备较强社会适应力和竞争力的优秀人才。其主要内容包括学生适应性教育、职业规划和学业指导、校园生活指导、心理健康教育指导、社会实践指导、校园文化活动指导、创新创业指导等内容。

（二）大学生成才发展指导教育的途径和方法

1. 实施职业发展导航工程，"全过程"引领学生成才发展

实施大学生职业规划导航跟踪工程，将不同年级以及不同发展层级的学生纳入导航体系，切实指导大学生科学制定、有效实施和适时修正学业、职业发展规划，实现对学生学业、职业发展的全过程教育引导。为确保大学生职业规划导航跟踪教育的有效开展，真正实现职业规划教育

的具有早期性、连续性、系统性、实用性、专业化、个性化的目标，从观念转变、教学改革、队伍建设三个有效路径着手，真正做到"三管齐下"。

（1）观念转变是先导

观念左右人的思路，影响和决定着人们的精神和素质。观念是行动的先导，行动滞后是观念落后的必然结果。有什么样的观念，就有什么样的行为；有什么样的行为，就有什么样的习惯；有什么样的习惯，就有什么样的性格；有什么样的性格，就有什么样的命运。观念不同，价值取向就不同，解决问题的思路也就不同，结果自然也不同。因此，要开展大学生职业规划教育，首先应转变观念，只有新的观念才能找到新的出路。

①对于大学生而言，需增强自我意识

在职业规划指导中帮助大学生树立职业理想的意义不仅在于找到能够胜任的具体工作，而且在于能够使大学生在整个职业生涯中既有很强的岗位适配性，又获得非常大的职业满足感和成就感。因此，大学生在校期间的学习要发挥主观能动性，增强自我意识。增强自我意识是一个理性地审视自我的过程，它反映在正确认识自我时不越位、不错位、不空位。只有养成自我意识，提高自主决策能力和自主解决职业发展问题的能力，自觉设计规划职业生涯，才能避免就业的盲目性，从而降低就业失败的可能性，为个人成功走向社会提供有效的保障。

②对于高校而言，需转变职业指导工作理念

首先，要高度重视大学生职业指导工作。高校在大学生职业指导工作中承担着重要职责，大学生的职业理想教育必须在高校的正确引导下才能顺利进行。高校必须充分认识到职业指导对大学生成长成才的作用和意义，在思想上重视大学生职业指导工作，并且通过会议、校园广播等进行广泛宣传。一方面鼓励大学生进行职业生涯规划，引导大学生树立正确的就业观念；另一方面要引起全校教职工的重视，积极为大学生提供指导，真正实现职业指导工作的全员化，把大学生职业理想教育纳入高校改革发展的整体运作之中，构建协调发展的良性机制。

其次，要转变职业理想教育目标。目前，人们广泛认同的职业指导的理想目标是实现人与职业的最佳匹配。但这样只能说明某个人适合某种职业，并不能说明这种职业是否符合人的需要。随着"以人为本""以生为本"理念的兴起，在职业指导时应开始重视人的需要和职业价值观在职业选择中的作用，重视个人的职业满足感和职业成就感，这样就理所当然地增加了工作适应性和工作稳定性，个人在这样的工作领域会干得更加持久，职业更加容易获得可持续发展。因此，学校的职业指导目标也应该在此基础上进行转变，指导的目标是要把人与职业匹配的目标定位在"职业满足"，而不仅仅是"胜任"。

最后，要树立科学的职业理想教育理念。要开展有效的职业理想教育，就必须树立科学的职业理想教育理念。科学的职业理想教育理念应包含这些内容：第一，树立职业理想是建立在正确认识主客观基础之上的一个长期坚持的自我探索过程。第二，职业理想教育重在实践。通过职业实践，将自己的职业理想目标落实为实际行动，不断接受社会、企业组织和他人反馈的信息，对自身的职业体力倾向、职业能力倾向和职业个性倾向予以全面科学的衡量与评价，实现择业观从"我能干什么"的理想型向"我会干什么""我适合干什么"的现实型转变。第三，职业理想教育的目的在于实现个体和谐、可持续发展。辅导员需要树立一种注重人的全面发展，强调开发人的潜能，以人的可持续发展为第一需要的教育理念，也就是要把"以人为本"的教育理念运用在职业指导过程中，注重对学生进行个性化的职业辅导，把学生个人的全面发展作为工作重点，以一种长远发展的眼光来指导学生的就业，使学生能够终身受益。第四，注重培养学生的职业发展意识。俗话说："机会是留给有准备的人的。"而所谓"有准备"，首先是思想意识上的准备，其次是个人才能的准备。职业理想教育要立足于帮助大学生树立"有准备"的意识，大学生如何做好准备，如何更好地适应社会并在职业发展过程中脱颖而出，提前培养职业发展意识是关键。这就要求大学生将思想与发展眼光延伸到未来职业需求上，除了在知识、特长、技能实践等方面提早储备和锻炼提高外，还要特别注意提前培养职业发展意识。广义的职业发展意识是指为追求职业发展前途而对职业发展过程和环节所做的多种能力准备与思想观念意识准备。如果说专业教育更多的旨在培养大学生应该具备的某种专业能力的话，那么，职业理想教育则是培养这种思想观念上的意识的唯一有效途径。

③对于社会而言，需营造大学生职业指导的良好氛围

社会氛围对于大学生或高校进行职业指导的影响至关重要，如果没有合适的社会氛围做支撑，大学生职业指导进行起来就会困难重重。《国务院关于大力发展职业教育的决定》指出："要发挥学校教育、家庭教育和社会教育的作用，为学生健康成长创造良好的社会环境。"要落实以上精神，高校必须加强与家庭、社会的联系，取得全社会的大力支持。要想在全社会形成良好的氛围，要先通过舆论、宣传等的作用，大力宣传职业指导的意义与作用，不但要引导大学生进行职业规划，而且要引导已经参加工作的人进行职业规划，重新审视自己的职业理想，营造全社会认可、接受、支持和重视职业规划的良好局面。同时，争取家长在子女早期教育中为职业规划打下一定的基础。由于大学生在思想上对家庭仍有较强的依赖性，家庭教育在职业理想树立过程中起着举足轻重的作用。因此加强学校和家庭的双向交流与互动，得到家庭教育的配合与关注，才能起到好的教育效果。

（2）教学改革是根本

大学生职业理想教育是一项系统工程，应精心组织本科生四年的系统教育，优化设计有利于学生树立正确职业理想的教育内容和教学环节，把职业理想教育融入大学生的知识结构完善、素质提高的过程，结合时代发展的新形势，革新教育观念，充实职业理想教育的新内容，大胆探索职业理想教育的新途径和新方法，将职业理想教育与思想政治教育、专业教育、职业指导教育有机结合起来，构建三位一体的教育

模式。

（3）队伍建设是保障

大学生职业指导既是一项神圣的事业，又是一项专业性很强的工作，需要配备一支具有较高专业知识、能力和素质的队伍。这支队伍既要有量的保证，更要有质的提高。

首先，从量上来讲，要按照中央有关文件规定，按 1：500 的比例逐步配齐专职职业指导人员[①]。只有这样，才能保证除了处理职业指导中的日常事务之外，还有人力可以投入高层次的职业指导当中。其次，从质上来讲，高校要尽快建立健全就业指导机构，加强就业指导队伍建设。所以，做好大学生职业指导工作，需要通过引进人才和集中培训学习相结合的方式，建立一支专业化、专家化、科学化的职业指导队伍。一方面，引进长期从事职业规划开发的国内外专家，充实师资队伍；另一方面，通过培训进修的方式，培养自己的专业师资队伍。这支队伍应该具备这些专业素质：①在职业生涯规划教育、指导方面具有较广博的知识和开阔的视野以及一定的实战经验；②具有良好的知识运用能力，主要表现在学习能力和工作能力两方面。学习能力体现在能够运用所学知识进行分析总结的能力。工作能力主要是体现在能够创新，能够在工作过程中不断地研究职业生涯规划的相关理论，提出新的可行性的规划方案；③良好的心理素质，主要表现为具有充分的自信心、控制情绪的管理技巧、人际交往中的人格魅力以及应对压力的能力。通过引导、培训相结合的方式，不断提高队伍的专业水平，形成学生辅导员、职业指导专职辅导员、职业制度专职教师的三级服务梯队，切实推进大学生职业发展教育人员的专业化、职业化、专家化。

---

① 《普通高等学校本科教学工作合格评估指标和基本要求》规定，每个班级配有兼职班主任或指导教师；按师生比不低于 1：200 的比例设置一线专职辅导员岗位；专职就业指导教师和专职就业工作人员与应届毕业生的比例要保持不低于 1：500；按师生比不低于 1：5000 的比例配备专职从事心理健康教育的教师且不少于 2 名。

2. 实施素质提升工程，"全方位"助推学生成才发展

第一，实施科创培育工程。以挑战杯、"创青春"创业大赛、创新创业实践周、暑期社会实践为载体，培养学生的创新创业能力。

第二，实施学生干部形象工程。以制度建设、学生干部培训、素质拓展、团体辅导等为依托，提升学生干部队伍素质和能力。

第三，实施学生党员旗帜工程。建立健全党支部各项规章制度；围绕谈话制、承诺制、考核制建立党员入党转正测评体系；带头争当"四面旗帜"，即做思想先进的旗帜、学业优秀的旗帜、甘于奉献的旗帜、严于律己的旗帜，做学生的成才表率。

第四，实施知心工程。增进辅导员与学生的深入交流，促进辅导员规范性、有针对性地帮助学生改善学习和解决各种困难，实施知心工程。主要形式是辅导员针对每一个学生的具体情况，与学生开展面对面谈心谈话，深入了解学生的心态，掌握学生的思想波动和行为习惯，让学生在世界观、人生观、价值观、学习方法、思想方法、个性锻炼等方面获得有益的指点，并及时化解他们的心理问题，帮助他们愉快地健康成长。知心工程的内容框架分为三个模块，即面谈咨询模块、分析研究模块、援助辅导模块。主要针对学生的典型问题，设计制作《学业分析与面谈咨询记录表》《新生职业生涯与学业进程设计辅导谈话记录表》《毕业生就业辅导谈话记录表》等表格，做好谈话记录。

三、大学生心理健康教育

(一) 大学生心理健康教育的内容

心理健康是健康的重要组成部分，对于大学生来说当然也是如此。教育部《关于进一步加强和改进大学生心理健康教育的意见》提出，大学生心理健康教育的主要任务是帮助大学生树立正确的心理健康意识，介绍增进心理健康的途径，解析心理异常现象，传授心理调适的方法。所以，大学生心理健康教育的内容既包括对心理健康教育基本知识的介绍和普及，也包括对心理调适方法的传授与应用；既包括对心理异常现

象的解析与预防，也包括优化心理素质以及潜能的培养与开发；既包括对大学生学习生活、适应发展诸方面的关注与指导，也包括对多种心理行为问题的缓解、矫治与消除。

1. 加强网络认知教育

随着网络的不断发展，大学生的学习和生活已经离不开网络。但是面对网络信息传播内容良莠不齐的现状，辅导员应该积极引导大学生合理利用网络资源，正确辨别网络信息。同时，提高大学生的选择、判断、鉴别与自控能力，使他们自觉抵制各种不良信息的侵蚀，增强自我约束能力，遵守网络规范，做遵纪守法的文明网民。

2. 培养心理健康意识

对于大学生个体来说，自觉完善心理健康不仅是大学阶段的任务，而且是终身学习的任务。只有当大学生真正具备了健康的心理，才可能在今后的学习、工作、生活中不断丰富心理健康知识，自觉提升心理素质。因此，辅导员可以通过开展心理健康教育活动，增强大学生心理健康意识，使大学生掌握有关预防、识别、调节心理健康问题的基本知识与方法，学会自我心理保健，缓解、消除在学习、生活及成长中产生的心理困惑和心理矛盾。

3. 开发心理潜能，促进自我实现

现代心理学和脑科学的研究显示，人类往往只激发出了一部分心理潜能，还有很大潜能没有得到开发与利用。作为现代高等教育重要组成部分，大学生心理健康教育的目的不仅在于对心理问题的预防和消解，更在于对大学生心理素质的提升、心理潜能的开发及自我价值实现的促进。通过心理健康教育，使大学生形成恰当的成就动机，具备人际交往的基本观念与技能，树立健康的情爱观，初步厘清价值追求，不断发展健全人格，实现与周围环境及社会发展的良好适应，促进自身的成长与发展；帮助大学生确立适当的就业期望，进行正确的职业定位，提高挫折的应对能力与承受能力，增强竞争意识和社会责任感，在知识、体格、人格、能力等方面为进入社会做准备。

4. 培育心理品质，提高适应能力

对大学生开展心理健康教育，并不能局限于理论知识的传授，更重要的是培养大学生运用知识的能力以及提高他们的适应能力，提高科学应对当前学习生活中可能遇到的各种心理冲突和心理问题的实际技能。为此，辅导员应通过心理适应教育，使大学生更好地认识自我和他人，认识并适应环境，了解并热爱专业，合理应对学习、生活、交往和社会发展中的各种变化，学会自我分析、自我调控，学会解决学习和生活中的实际问题，使大学生能够学会学习、学会交往、学会生活、学会做人，成为适应能力良好、心理健康的人。

（二）大学生心理健康教育的途径和方法

当前高校的大学生生活在信息科技飞速发展的时代，是信息时代的优先体验者，他们大多是独生子女，有优越的生活条件和环境，他们作为拥有较高智力、较高文化和较高自尊心的群体，有着不同于一般青年的更高的抱负和追求，在成长过程中有着自己独特的心理特征。但相对而言，他们承受挫折的能力较弱。针对当前高校大学生思想特点与心理健康状况，积极地进行自我调适是维护、保障和促进自身心理健康的根本途径。

大学生心理健康的自我调适是指大学生自己主动发挥自我意识能动性的积极面，克服其消极面，进行自我的心理调适，以达到维护心理健康状态的目标。大学生心理健康的维护、保障和促进可以从以下六个方面进行。

1. 树立正确的"三观"，发挥其导向作用

树立正确的"三观"，必须坚持发挥社会主义核心价值体系的指引作用，使大学生明白做人做事的道理。因为正确的世界观、人生观、价值观是一个人的精神支柱与灵魂所在，是一个人对客观世界、人生的感悟、价值的认知等方面的自我理解与取向，使人懂得善待他人，得失坦然，对发生的事情与矛盾能够客观看待，能够做到无畏艰难，以良好心理状态去改变自我命运与前程。

2．充分认识自己、接纳自己

人的许多烦恼、许多困扰都跟对自己的认识和态度有关，而高校大学生肩负着现代化建设的重要使命，需要清醒地认识自我。要认识自己，首先要无条件接纳自己，包括自己的家庭、长相、性格、优势与缺点等，正确评价自己，客观分析自己的优点、缺点，不断扬长补短，不断创新自己，完善自我。其次要学会与自我和平友善地相处，只有这样，内心才会充满和谐和宁静。最后可以通过心理游戏，如"给自我的一封信""良好认定""用第三人称讲述自己的人生故事"等方式塑造良好的自我认知。

3．积极的人际交往

对于正在学习、成长中的大学生来说，人际交往无疑是生活的基本内容之一，人际关系的适应已经成为心理健康的一个重要组成部分和重要标志。悉心培养和锻炼良好的人际交往能力，不仅是大学生现实生活的需要，更是将来适应社会需要、驾驭生命之舟的基石。大学期间进行积极的人际交往，建立良好的人际关系需要做到以下四点。

（1）重视建立良好的第一印象

第一印象即人际交往中的"首因效应"，素不相识之人的第一次见面就是第一印象，而第一印象往往会对一个人的整体评价起到决定性的作用。第一印象一旦形成，就不易改变，并会一直影响以后双方的交往过程。要留下良好的第一印象就要做到真诚地对别人感兴趣；微笑并多提别人的名字；做一个耐心的倾听者，鼓励别人谈他们自己；谈别人感兴趣的话题；以真诚的方式让别人感到他对自己很重要。

（2）主动是交友的重要姿态

很多时候，人们都在强调或者希望别人如何，而不是自己应该怎样。心理学家研究发现，在人际交往中许多人都是被动地等待别人的接纳。一个人是不会无缘无故地对另一个人感兴趣的，要想得到朋友，就必须主动接纳别人。

（3）帮助别人更容易让人接纳

与人建立良好的关系，给人帮助是很重要的。这种帮助不是简单地指金钱、物质上的帮助，而是出于真心的感情上的交流、精神上的慰藉，以及对痛苦的分担、对困难的解决。当一个人在生病的时候，有人陪同去医院，或者在学习上有困难的时候有人耐心地讲解，那么他对这个人的接纳程度将远远高于其他人。学会帮助人，将更容易与他人建立密切的联系。

（4）学会尊重他人

《论语》告诉我们，"君子敬而无失，与人恭而有礼，四海之内皆兄弟也"[①]，没有尊重的基石，牢固的人际关系就难以建立，四海之内的兄弟也难以寻觅。尊重朋友，就是尊重他的人格和意见，在两个人出现分歧的时候，能够静下心来认真反思自己的不足之处，考虑对方意见的可行性；尊重朋友，就是要明白再好的朋友也会有缺点，不要求全责备，应正确对待朋友的缺点，不要去讥笑、讽刺；尊重朋友就是多从朋友的角度考虑问题，尊重朋友的人格和选择。但是尊重朋友并不是牺牲自己的一切去迁就对方，也不是对朋友的过错视而不见。

4. 学会调节和控制情绪

在普通心理学里，情绪指的是人对客观事物的态度体验及相应的行为反应，它包括人的主观体验、生理反应和外部表现。一个良好的、富有弹性的情绪系统将会让自己最终成为一个良好的、富有弹性的人。培养良好的情绪具有两个方向，一种是更多地维持良好的情绪状态，二是改变不太良好的情绪状态，这样的维持和改变其实是一种情绪的调节能力或者称之为"情绪弹性"。如何调节和控制情绪，让自己的情绪调节能力更富有"弹性"，有以下四种方法。

（1）适度释放或宣泄情绪

情绪总是伴随着某些特定的冲动，太多的冲动被压抑就会出问题，压抑的结果并不是让某种情绪消失了，而是更加集中地聚集在一处，或者更大范围地在内心世界扩散，最终会因为无法宣泄而导致整个心理系统的崩溃，重则出现精神疾病，轻则会导致各种身心失调的症状，比如

---

① 孔丘. 论语［M］. 北京：北京出版社，2008.

肥胖、厌食、反复性的胃溃疡等。因此要尝试适度释放或宣泄情绪，而适度宣泄有一个底线，那就是不伤害自己和他人。

（2）明白每一种情绪对于自己的意义

情绪是特定的心理和生理状态的自我表达，比如愤怒，通常是一种负面情绪，但其实愤怒也有积极的意义，因为它可以让人充满能量，应对挑战；忧愁作为一种低沉的感觉，它的存在可以让我们回归自我，用一点时间与过去告别，如果忧伤地哭起来，说明有良好的自然释放紧张和压力的能力，因为眼泪中的紧张激素是血液中的十倍。生活中的种种经历给人们机会去学习和明白每一种情绪对于自己的意义，这是培养良好情绪的开始，更是一种观念的更新。因此可以赋予同一种情绪不同的解读，意义不一样，自身的感受很可能就由消极变得积极了。

（3）避免给情绪"上色"

虽然许多情绪是负面的、消极的、不好的，但是如果总是用各种具有强烈的道德色彩的词来形容情绪，有时候会让自己陷入另外的危机之中，比如困惑或者是负罪感。其实这是完全不必要的，任何人都有权利去感受和表达任何的情绪。当感受到嫉妒的时候，并不是什么错误的情绪，那只意味着身边出现了比自己在某些方面更为突出的人，因此希望自己也能跟别人一样甚至超过别人，希望自己能变得更强，这是非常正常的。如果有人喜欢随便给情绪"上色"，一定会逐渐发现很多情绪都是为道德所不容的，最后他能做的事情就是不自觉地越来越压抑，过上一种没有情绪的生活。

（4）需要以情绪与理智的和谐关系为基石

人类是具有高级智慧的灵长类动物，以思维和语言为代表的智力来自大脑的高级皮层功能，会影响情感表达的质量。同时，情绪产生于更为原始和基本的情感，理智是需要情绪的滋养的。人类无法不带任何情感地学习，一个冷漠的人也无法从错误中吸取经验教训。情绪胜过理智，人将变得过于情绪化；理智胜过情绪，就会失去知觉；理智与情绪必须协调得很好，才有可能避免成为机器或者成为炸弹。

5. 主动构建完善的社会支持系统

有关心理健康的研究表明，拥有亲密关系者比没有亲密关系者更少有忧郁的问题。一个完善的社会支持系统包括亲人、朋友、同学、老师、社团成员、合作伙伴等，还包括各种社会服务机构。每个人都有局限性，没有一个人能独自解决所有麻烦，对于陷入困境的人来说，社会支持系统犹如雪中送炭，给人们持久的温暖、安全以及重振生活的勇气、信心和力量，尽管摆脱困境，克服困难，自助是根本，但社会支持系统的他助为自助提供了营养。

6. 积极寻求心理咨询

目前，大部分高校都成立了大学生心理健康教育咨询中心，关注学生内在精神的成长与完善、提高助人和自助能力、维护广大学生的身心健康。这样的咨询中心一项非常重要的工作内容和任务就是给大学生免费提供专门的心理咨询，有专门的心理咨询室，并安排固定的咨询时间，由专、兼职心理咨询师为广大学生提供专业的免费咨询服务，这样的心理咨询师均拥有国家心理咨询师职业资格或执业医师资格。因此，在校期间当学生感受到矛盾、冲突、疑惑、挫折与压力的时候，或者进行调节效果不理想的时候，积极寻求必要的专业的心理咨询服务，能及时帮助学生免于更大的困扰或避免更严重的心理问题的出现。

四、大学生日常事务管理

大学生日常事务管理是辅导员的基础工作，也是整个学生工作不可或缺的一部分。这里需要明确的一点是，辅导员虽然不能天天忙于事务性工作，但事务性工作没有做好，思想政治教育、成才发展教育、心理健康教育等就会缺少基础保障和有力后盾。大学生日常事务管理涉及大学生生活的方方面面，同时始终贯穿学生管理的方方面面，对学生的学习生活有着很大的影响。

（一）学生公寓管理

高等学校公寓是学生休闲、生活、学习及交流的重要场所，作为大学生求学期间一半乃至三分之二大学时光度过的空间，公寓的形态状况和变化对学生的成长和发展具有重要的影响。

1. 推进大学生思想工作进公寓

学生公寓作为大学生思想政治教育的重要阵地，需要丰富和创新宿舍文化建设的方式与方法，不断推进思想政治工作进公寓。比如借助公寓场所设立党团服务中心，用于党支部和团支部成员开展工作，使其成为学生乐意前往学习、交流，乃至休息的公共空间，有利于促进师生和生生之间的情感交流。此外，可以在党团服务中心和宿舍内设立理论学习小组，进行每周一次集体或局部的学习、讨论"青年大学习""时政新闻"等内容，使学生养成自律的学习习惯，营造学习国家时政大事的氛围。可以根据各年级、各寝室学习情况，设立"先进青年学习宿舍""党员宿舍""学霸宿舍""文明寝室"等荣誉称号。同时建立综合测评"思想分"加分机制，实现在思想上、行为上感染和吸引更多学生，使他们一起参与学习小组，全面提升大学生理论水平，促进其进行日常学习、工作和生活实践，提升实践育人效果。

2. 开展宿舍评比活动

认真搞好星级宿舍和文明宿舍的评比活动。在巩固文明宿舍评比活动的同时，以星级宿舍的评选为手段，增强学生自我教育、自我管理、自我服务的能力，提高学生宿舍的管理水平。

3. 开展自律文化主题教育活动

作为高校软实力文化重要体现的公寓自律文化，对成长中的大学生有着直接或潜移默化的导向作用。以自律为主旋律的公寓软实力文化能形成一种良好的育人环境和氛围，能够陶冶学生的情操，培养学生的兴趣、爱好，激励学生积极进取、勤奋求学，引导学生健康成长，使学生逐渐养成良好的道德品质和人格魅力。

（二）大学生班级管理

班集体是学生学习、交流的基本载体，也是学生寻求归属感的载体，是学校开展教育教学和管理活动的基本行政单位。班风建设会影响一个班级的凝聚力以及学生对班级的认同感，因此学生进入大学之初，辅导员需要重视班级管理和建设，引导帮助学生营造关心集体、积极进取、团结互助、努力学习、善于合作、勇于创新的良好班风和学风。辅导员开展班级管理一定要注意一个问题，即班级管理是一个动态的过程，它是教师根据一定的目的要求，采用一定的手段措施，带领全班学生对班级中的各种资源进行计划、组织、协调、控制，以实现教育目标的组织活动过程。

1. 班级管理的方法

（1）常规管理

常规管理是指通过制定和执行规章制度去管理班级的活动。规章制度是学生在学习、工作和生活中必须遵守的行为准则，它具有管理、控制和教育的作用。

（2）民主管理

民主管理是指班级成员在服从班集体的正确决定和承担责任的前提下参与班级管理的一种管理方式。实质上就是发挥每一个学生的主人翁意识，让每个学生都成为班级的主人。

（3）目标管理

目标管理是指班主任与学生共同确定班级总体目标，然后转化为小组目标和个人目标，使其与班级总体目标融为一体，形成目标体系，以此推进班级管理活动，实现班级目标的管理方法。

（4）平行管理

平行管理是指班主任既通过对集体的管理去间接影响个人，又通过对个人的直接管理去影响集体，从而把对集体和个人的管理结合起来的管理方式。

2. 班级管理存在的问题

（1）班级管理制度缺乏活力，民主管理的程度低

在班级中设置班干部，旨在培养学生的民主意识和民主作风，学会

自治自理。然而很多学校班干部相对固定，使一些学生形成了"干部作风"，不能平等地对待同学，与之相对，其他学生却缺少机会。学生在社会环境及部分家长的影响下，往往把干部看成是荣誉的象征，多数学生在班级管理中缺乏自主性。

（2）辅导员对班级管理的方式偏重于专断

分数和排名是对学校和教师工作业绩的衡量指标，这导致在班级管理时高度重视课堂教育和考试成绩，忽略了学生的内在需求。

辅导员应该采取有效的方式克服以上班级管理的问题，提高班级管理的有效性。良好的班级管理具有十分重要的作用，有助于实现教学目标，提高学习效率，有助于维持班级秩序，形成良好的班风，有助于锻炼学生能力，使其学会自治自理。

（三）安全指导与管理

安全稳定工作是压倒一切的工作，一旦发生安全事故，不仅会使学生受到伤害，也会给学生家长和家庭造成难以抚平的伤痛，同时也是高校管理工作中非常棘手的问题。《左传》中说："居安思危，思则有备，有备无患。"[1] 辅导员作为学生安全教育管理的第一责任人，必须做到有备无患。在工作中根据实际和需要，对学生开展宪法法律意识、国家安全、网络安全、人身与财产安全、心理安全、消防安全、实验室安全、交通安全、食品安全、涉水安全、两性安全、金融安全、生态与环境安全、涉外交流安全、紧急自救、防灾减灾、毒品危害及其防范等方面的安全教育。

（四）资助、评奖评优等工作

资助和评奖评优等工作是涉及学生切身利益的事务性工作，也是学生较为关注的事情。辅导员在开展具体的奖、助、贷、补、减、免等工作中需要坚持公正、公平、公开的原则，充分发挥其育人功能。同时，辅导员需要做好学生文明行为规范、作息制度、请销假、违规违纪处理、学籍管理等各类信息档案库管理等工作。

---

① 左丘明. 左传［M］. 长春：吉林文史出版社，2009.

第二章 高校辅导员工作的基本原则

第一节 以人为本原则和实事求是原则

一、以人为本原则

（一）以人为本原则的基本内涵

以人为本不仅是一种价值追求，还是一种思维方式，以人为本思想在现代社会的科学发展进程中发挥着重要的指导作用。我国的历史文化源远流长且具有丰厚底蕴，最初的以人为本思想是以人文精神的方式出现的，并以占据我国传统文化主导地位的孔子思想为代表。我国历史上伟大的政治家、教育家孟子也有"民为贵，社稷次之，君为轻"等观点。以民为本形成了较为稳固、系统的思想体系，并在我国历史的发展过程中产生了深远的影响。以进步的眼光来看，以民为本思想蕴含着丰富的文化内涵，关注民众的社会地位及价值，对促进社会的发展具有积极的意义。

真正意义的以人为本思想是在对马克思主义思想做出延伸的基础上发展而来的，可以说这种思想是对传统以民为本思想的突破和超越。马克思主义是我国社会主义建设工作的重要指导思想之一，虽然马克思的著作中并没有直接涉及以人为本这个概念，但是马克思与恩格斯却对人的发展做出了深入研究，这对我们理解并实践以人为本思想具有重要的理论指导意义。

以人为本具有三个层次的含义：第一，以人为本是一种价值取向，它强调要尊重人、依靠人、解放人、为了人、塑造人；第二，以人为本明确了人是社会发展的主体，它强调了人在社会发展中的主体地位和主体作用；第三，以人为本是一种思维方式，它要求我们在面对一切现实问题时，要坚持运用历史的尺度和人的尺度来思考、分析并解决问题，同时要关注人类生活的世界，要关怀人的生存与发展，要注重人的共性与个性，树立起人的自主意识并承担责任。人是社会生活的创造者，因此没有一个社会生活的领域、社会生活的层次是不可以运用以人为本思想的。所以，以人为本原则是建立在以人为本思想认识和指导基础之上的，只有形成对以人为本思想正确的认识，才能指导我们更深刻地认识以人为本原则，并应用到工作实践当中。从哲学理论的角度来看，以人为本思想应渗透到整个人类世界的活动当中，这不仅是现代教育发展的必然要求，也是高校辅导员在开展工作中需要遵循的基本原则之一。在高校辅导员工作的过程中，辅导员要正确认识以人为本思想，并在此基础上树立以人为本的教育理念，从而有效推动自身工作成效的提升。

（二）坚持以人为本原则的必要性

随着现代科技的发展与进步，中国特色社会主义建设步入新的阶段。与此同时，改革开放的深化使得我国与国际的合作日益加深，中国经济融入全球一体化经济体系当中，这在很大程度上推动着中国市场经济的发展。在此背景下，中国人民的生活水平逐渐提高，人们的生活方式和生活环境发生了很大的变化。同时多元文化共同构成的文化生态体系在中国逐步形成，人们的思想也因此受到了一定程度的影响。社会的变化对人们的思想观念和道德品质提出了新的考验以及更高的要求。目前，大学生的身心正处于发展阶段，成熟的思想观念尚未形成，这决定了大学生群体极易受到外部环境的影响。学生在思想发展的道路上急需正确的指导和有效帮助，同时体现出了高校思政教育的重要性。当前阶段，高校辅导员的工作任务就是帮助大学生解决生活上的实际问题，其工作的对象是学生。然而在辅导员工作当中，部分辅导员的工作理念与工作方法存在强制性、理想化、说教式的倾向，缺少对学生实际思想和实际生活问题的关注，对学生的帮助也局限在浅层次上，这些问题导致辅导员工作实效性不高。由此可见，这种工作方式缺少对学生根本需求的思考，不能将大学生内在的思想学习兴趣和动力激发出来，因此学生表现出的思想道德践行能力并不高。为了充分调动学生的学习积极性，促使学生得到更好的发展，成为合格的社会主义接班人，辅导员必须强化自身服务意识，一切工作围绕满足时代发展和学生发展这个中心来开展，更新自己的工作理念和方法，切实做到关心学生、关注学生、发展学生，即在坚持以人为本原则的指导下开展相关工作。由此可见，坚持以人为本原则是时代发展与学生发展对辅导员工作提出的必然要求。

另外，高校辅导员工作的主体和客体是社会中现实的人，其出发点和归宿点也是人。在辅导员日常的工作中，从人的角度出发，坚持以人为本，找准工作的落脚点，才能使辅导员对自身的工作产生认同感，并主动参与工作实践，继而提高工作实效。高校辅导员工作应立足于学生的发展，关注学生，重视学生。现代教育强调素质教育，弘扬以人为本的基本精神，因此高校辅导员要切实尊重现代教育发展这一客观事实，坚持以人为本这一基本准则，从而适应现代教育发展的需求。

（三）以人为本原则对辅导员工作提出的要求

1. 强调以学生为本

在社会主义建设的进程中，始终坚持以人为本、执政为民的基本理念，体现出了以人民为主的治国方针。高校育人工作中，辅导员应该坚持以人为本的原则，这是社会发展的需要，也是现代教育建设的必然需求。高校辅导员工作，要坚持以人为本的原则，切实从学生的角度出发，做到发展学生、关心学生、理解学生，从而促进学生的全面发展。以人为本思想指导构建的现代教育体系确立了学生教育的主体地位以及

教师的教育主导地位。以高校辅导员工作的状况来看，部分教师受传统
思想的束缚，对学生教育主体地位的认识还存在一定的不足，即要求学
生在某种既定的任务目标范围内活动，具有一定的约束性。部分高校辅
导教师过分强调学生与社会、集体的适应关系，凸显了教育工作者个人
意志的实现，而学生仅仅作为一名教育对象出现。这种状态下的高校辅
导员工作只是机械化的育人工作，忽视了对学生正当权益的维护，失去
了教育应有的服务功能，违背了现代教育以人为本的思想。以人为本原
则在高校辅导员工作中的渗透，要求以学生为服务对象，强化辅导员自
身的教育服务意识，即以学生为本的教育理念。高校辅导员以学生为
本，既要服务于学生时下发展的需要，又要服务于学生长期发展的需
要；既要服务于学生本人，又要服务于学生所处的学习生活环境；既要
服务于学生本身的要求，又要服务于现实社会对学生的要求。教育的服
务功能是客观存在的，从学生的视角出发，以学生为本，才能将教育对
学生发展的促进作用发挥出来，这是高校辅导员工作适应现代教育改革
的重要表现。

　　高校辅导员工作最重要的任务之一就是对学生进行管理，保证他们
学习活动的正常进行。在《普通高等学校学生管理规定》中，以人为本
被列为学生管理的第一要则。坚持以人为本是社会发展的必然结果，是
现代素质教育的基本要求。高校辅导员对学生进行管理的目的是让学生
更好地学习理论知识，引导他们树立正确的人生观、价值观、择业观等
思想意识观念，继而指导学生正确的行为，保证学生可以健康成长。以
人为本的学生管理，要求辅导员挣脱传统思想观念和思维方式的束缚，
在合理合法的范围内对学生进行管理，强化自身的责任意识，全方位提
升自身教育服务水平。具体而言，高校辅导员在开展工作的过程中，首
先要树立以人为本的管理教育思想。高校一切教育相关活动都是围绕人
才培养这个目标进行的，学生各阶段的任务就是学习。无论是高校教育
还是学生学习，他们的最终归宿都是促进学生的全面发展。在高校辅导
员日常工作的过程中，要把控好对学生的引导作用，及时帮助他们解决

成长中遇到的问题，辅导他们形成正确的思想意识观念和行为，以促使他们在发展的道路上走得更加长远。高校辅导员从学生管理的起始阶段，就要树立全心全意为学生服务的教育观念，将以人为本、以学生为本的教育理念贯彻日常工作。其次，辅导员要提升自身服务能力。高校教育工作者是大学生成长的指路人，是学生成人成才的伴随者，其工作的有效开展对学生的发展具有重要的促进作用。高校辅导员在工作中要真正实现以学生为本，需要辅导员提升自身的职业素养，只有达到一定层次时，才能为学生提供优质的服务。所以，高校辅导员要树立自身全面、正确的世界观、人生观、价值观等思想意识观念体系以及一定的理论知识体系，通过不断的学习、参加培训等活动，及时更新自己的思想意识观念和工作方法，切实提升自己的业务素质。在日常教学相关工作开展过程中，要坚持自己的职业操守，坚决抵制不良诱惑，时刻将学生的利益放置在考虑的首位，真正做到为人师表。最后，在工作中要注重做到公平、公正，维持每一位学生的平等地位，摒除一切不良因素的影响，放下自己的姿态，用自己最真实的情感真诚对待每一位学生，与学生建立和谐的关系。

2. 体现对学生的人文关怀

从哲学的层次上来看，高校辅导员对学生进行人文关怀是在工作中贯彻以人为本原则的要求和体现。人文关怀是以人为本思想在教育上的延续，也是以人为本思想的出发点。这就要求辅导员在工作实践中要理解学生、尊重学生，肯定学生作为现实人的固有价值，关注学生的精神生活。

辅导员工作中对学生的人文关怀的贯彻，需要辅导员尊重学生的教育主体地位，全面关注并了解学生各成长阶段个性的需求，着力于学生的全面和谐发展，让学生充分感受到来自辅导员、高校乃至社会的关怀，为学生营造良好的人文成长环境，继而促使他们更好地实现自己的人生价值、职业价值。在辅导员贯彻以人为本原则的工作中，要注重从学生的角度出发，考虑他们的主观感受，采用科学、合理的工作方式，努力探索、创新现有的工作方法，一切以促进学生发展为中心，做到尊重学生、关心学生、关爱学生，从而满足当代大学生的全面发展需求。另外，辅导员需要以平等的态度对待每一位学生，对待学生一视同仁，尊重学生的人格尊严。譬如，当学生在日常生活、学习中出现错误时，不要急于批评学生，更不可以用伤及尊严的话语刺激学生，亦不可用简单粗暴的方式，强制要求他们纠正自己的错误。辅导员的服务功能就是辅导学生，需要引导学生客观地认识到自己的错误，引导学生明晰错误所在，帮助学生分析导致这种问题出现的原因，引导学生如何做好这件事，循循善诱，做到动之以情、晓之以理，让学生真正心悦诚服，继而欣然接受辅导员的批评和教育。这样无疑会增强辅导员工作的效果，提高工作效率，最终实现人才培养的目标。

以人为本原则指导下的高校辅导员工作，需要将以人为本的思想贯彻始终，体现出现代社会主义人文关怀的时代精神。从教育层次上来看，辅导员要对大学生做到人文关怀，需要辅导员为学生的学习营造一种轻松、愉悦、和谐、亲切的氛围，尽最大可能消除师生之间身份差别给学生带来的心理压力，从而与学生建立平等、和谐的关系。在这种环境中成长的学生，对教育的参与度更高，对学习的兴趣更加强烈，这有助于推动高校辅导员工作的顺利开展。反之，不仅对辅导员工作的实效没有任何帮助，甚至可能会阻碍相关工作的顺利开展，增加辅导员工作的难度。另外，在高校辅导员弘扬人文关怀精神的同时还需要时刻关注学生的实际，包括思想实际与生活实际，并帮助他们解决所遇到的实际问题，着眼于未来，促进他们的长期发展。另外，高校辅导员在工作中践行人文关怀，需要辅导员引导学生实现由物质欲到精神境界的升华，跳出物质欲的泥沼之中，向更高的精神层次进发，从而使大学生在自己人生的道路上迸发出更多的光彩。辅导员要对学生做到人文关怀，从管理层次上来讲，需要辅导员遵循学生的思想活动规律，客观地承认他们已经养成的个性化人格品质和心理特征，在尊重这一客观事实的基础上，提升自身的职业素养，采用有效的教育方式，引导大学生通过自己的努力提升自己的人格品质和思想品质。同时，辅导员有必要对学生进行心理辅导，及时引导他们解决日常学习、生活中的心理问题，提高他们的心理调节能力，促使他们始终以良好的心态应对每一天、每一刻的挑战。

3. 他人教育和自我教育相统一

教育是由他人教育和自我教育构成的统一体，因此要求辅导员教育与学生教育结合起来，继而实现学生发展的教育目标。他人教育和自我教育都是针对学生而言的，在这个统一的教育体系中，高校辅导员对学生的辅导教育是他人的外部教育，即他人教育。而学生自主的教育是自我内部教育，即自我教育。在高校辅导员工作中，辅导员占据绝对的主导地位，辅导员工作的开展对学生的教育作用是显而易见的。高校学生教育目标的实现与教学计划、教学教材、校园校规以及教师教导等紧密联系在一起。他人教育强调了辅导员的引导功能，因此辅导员在大学生成长中的辅导作用应充分发挥出来。学生是高校辅导员工作的对象，学生的发展是高校教育的最终归宿，因此高校应该从学生主体性及创造性出发，在高校辅导员工作过程中加强对学生自我教育能力的培养，转变传统的教育管理理念，充分发挥学生的主观能动性，让学生在一定的范围内自由发展，从而提高大学生自我教育的能力，这对大学生的长期发展具有重要的现实意义。由此可见，他人教育服务于自我教育，只有将他人教育中获取的帮助和辅导内化为自己的需要，才能真正发挥他人教育的作用，否则他人教育将会毫无意义。

以人为本原则指导下的高校辅导员工作，应当重视学生的自我教育，注重发挥辅导员的引导作用，只有将自我教育和他人教育相统一，才能保证高校辅导员工作实效提升。从本质上来讲，大学生思想意识的形成都是教师教育过程中自我意识分化与统一的结果。在高校辅导员工作的过程中，学生的统一的自我意识分化为理想和现实两个自我[①]，学

---

① 高等师范院校教材编写组. 教育学新编 [M]. 武汉：华中师范大学出版社，2006.

生通过理想自我去分析、评价并统一现实自我，从而促使现实自我不断向理想自我趋近，进而实现现实自我的完善和成长。因此，脱离于自我意识分化和统一自我的教育是完全无效的。要想提高高校辅导员工作的实效，将以人为本落到实处，就需要辅导员为学生创造自我意识分化和统一的有利条件，引导学生进行自我教育，切实将他人教育和自我教育统一起来。学生多以群体的方式生活、学习，相互的影响作用是不可估量的，加强学生的自我教育，对形成良好的教育风气具有积极的作用，也是实现高校辅导员工作目标的必备条件。所以，以人为本思想倡导下的高校辅导员工作应以提高学生自我教育的能力为重点，引导学生进行自我教育，让他们成为教育自己的主体，学会自我反省和总结，并借此提高自己。他人教育和自我教育的统一是建立在学生实际需求基础之上的，帮助学生正确认识自己，确定自己发展各阶段的需求是教育的关键环节。

4. 解决思想问题与解决实际问题相结合

理论指导实践，实践完善理论。理论是基础或依据，实践是结果，只有将理论和实践相结合，才能提高辅导员工作的实效，更好地实现教育相关工作的价值。辅导员只有引导学生形成正确的思想认识，帮助学生用自己的行动来改变客观世界，才能促使他们更好地发展和完善自己，并达到教育工作的目标。在学生的日常学习、生活中，总会遇到各种各样的困难或问题，有些问题或困难是可以通过自己的努力解决的，但是有些问题或困难需要在他人的帮助下才能得以解决。

在此过程中，为了避免学生受到错误思想的侵袭和干扰，帮助他们最快、最有效地解决这些问题或困难，对学生进行思想教育和辅导是非常有必要的。

高校辅导员工作贯彻实施以人为本原则，就是要传播正确、先进的思想和理论，培养学生正确的思维方式，指导学生的社会实践行为，继而促进个人的发展和社会的进步。高校辅导员要解决学生的思想问题，需要建立在一定的物质条件基础之上。从历史的角度来看，人类社会发展各阶段所生成的思想、理论和观点是不同的，我们不能从人类自身寻找到造成这种不同的原因，而可以用社会发展时期物质生活的不同来解释，将人类思想发展的原因归结为社会物质生活的变化。高校学生的思想问题不是凭空出现的，而是由学生遇到的实际问题引发的。在高校辅导员教育工作开展过程中，应该将辅导员工作融入思想政治教育体系，并与学生的学习生活紧密联系在一起，在辅导学生解决思想问题的同时帮助学生解决实际问题，培养学生对辅导员工作的认可程度与满意度。片面强调思想问题的解决，缺乏对学生解决实际问题的指导，无异于"纸上谈兵"，势必会造成学生一定的反感；片面强调解决实际问题，忽视了对学生思想上的教育和引导，可能对学生思想问题的解决没有任何帮助，解决的也只是问题本身，不利于学生问题自我解决能力的提升。由此可见，无论片面地强调哪一点，都会影响学生的全面发展。因此，高校辅导员工作的开展应立足于学生客观实际，将解决思想问题与解决实际问题结合起来，切实帮助学生解决学习、生活中遇到的实际问题或困难，让他们在社会与经济发展中得到更多的实惠，从而促进自身的发展。这样，贯彻以人为本原则要求的高校辅导员工作才能增强教育的说服力和效果。

二、实事求是原则

（一）实事求是原则的基本内涵

随着社会主义建设的不断深入，人们对实事求是的认识和理解进一步得到扩展，并上升到了另外一个层次。中国特色社会主义理论强调科学发展，坚持贯彻实事求是的基本路线，使得中国特色社会主义发展步入了新的阶段。实事求是思想不是一种单纯的思维方式，也不仅仅是一种方法论原则，而是作为科学的世界观和发展观出现的。实事求是是一种科学的世界观、发展观，因此必须将这种思想运用到工作当中，继而指导人们改造客观世界。可以将实事求是拆分开来理解，所谓的"实事"就是指客观存在的事物，是客观事物的矛盾性；"求"是指从客观事物矛盾作用过程中探寻事物变化发展的规律，以此为指导改造客观世界的实践活动；"是"则是指矛盾作用过程中所蕴含的规律。在客观世界中，任何事物存在的方式都是个别的、具体的，客观规律反映了这些个别事物内在本质的共性和一般性。从本质上来看，实事求是反映了从个别到一般再从一般应用于既要实践的客体的逻辑规律；它作为一种科学的世界观，是马克思主义的精髓。实事求是讲求的是一切从实际出发，要注重理论与实践相结合，在不断的实践中验证、完善理论，研究作为实践对象的客观事物同时，还要研究实践活动本身。在对实践对象和实践活动进行研究时，要注意实践活动的进行依托于实事求是的思想路线，只有在正确认识实践对象和实践活动本身客观规律的基础上，才可以确保实践的有效性。总之，实事求是无论是作为一种科学的世界观、发展观，还是作为方法论原则都离不开实践。在新的社会发展时期，实事求是所蕴含的内涵得到了丰富和扩展。综合来讲，当前社会背景下坚持"实事求是"思想要做到四个结合，即实事求是与解放思想相结合、实事求是与时俱进相结合、实事求是与以人为本相结合、方法论意义与世界观价值相结合。

在深化对实事求是思想认识的基础上，对实事求是思想衍生的实事求是原则会有更加深刻的理解，这将有助于辅导员更好地将实事求是原则贯彻到实践工作当中。实事求是作为基本指导思想路线中的组成部分，对中国特色社会主义建设的指导作用是有目共睹的。高校作为人才培养的基地，作为社会主义思想建设的阵地，更应该坚决将实事求是原则贯彻到一切教育相关工作中。实事求是原则指导下的高校辅导员工作，应对马克思主义世界观形成正确的认识，依照客观规律办事，有针对性地开展相关工作。只有在这样的条件下，学生的主观能动性才能得到充分发挥，高校辅导员工作的实效才能提高。在中国特色社会主义发展的背景下，国家建设工作的重点逐步转移到经济上来。新的时期，高校教育所承担的任务发生了一定变化，由此带来的是高校辅导员的工作特点也发生了相应的变化，坚持实事求是原则在高校辅导员工作当中显现得尤为重要，只有切实将理论与实际结合，才能更好地满足社会发展变化的需求。

（二）坚持实事求是原则的必要性

一个阶级是社会中占统治地位的物质力量，也是社会上占统治地位的精神力量。支配物质生产资料的阶级，同时支配着精神生产资料，占统治地位的思想不过是占统治地位的物质关系在观念上的表现。实事求是是执政的基本思想路线，这种思想在社会主义建设中的重要指导地位是不容忽视的。高校作为人才培养的基地，是社会主义建设的重要部分。高校教育工作中坚持实事求是具有重要的战略意义，辅导员工作是高校教育工作的一部分，对学生思想的正确培养和行为规范的产生具有重要的作用，因此高校辅导员工作坚持实事求是原则也是十分有必要的。

在经济全球化的时代背景下，不同的思想文化得以共存。高校辅导员需要认真对待当代大学生思想政治教育面临的这一严峻形势，坚决执行基本思想方针和路线，守护好高校社会主义意识形态这一阵地，以实事求是的态度去对待自己的本职工作。从学生的思想实际出发，尽量避免他们受到不良思想文化的侵袭，及时、积极帮助他们解决思想实际问题，从而确保学生的健康发展，捍卫学生的精神家园。

总之，在中国特色社会主义建设的进程中，高校思想政治教育是重要环节，解决学生的思想问题是重点，辅导员工作必不可少。为了更好地适应我国社会主义建设需求，引导学生树立正确的思想观念，辅导员工作需要在坚持党的思想路线的基础上开展，坚持实事求是，为社会主义建设培养合格的接班人。高校的根本任务是培养社会主义现代化建设的合格建设者和可靠接班人，高校德育在完成这一根本任务中肩负着重要的历史使命。由此可见，将学生培养成社会主义现代化建设的合格建设者和可靠接班人是高校教育工作的根本任务，也是高校辅导员工作的根本任务。

在文化多元化背景下，正处于青春期的大学生尚未形成成熟的心智，社会经验匮乏，对各种思想认知能力和判断能力还不强，思想和生活中常常会出现这样或那样的问题，这就需要辅导员实事求是地看待这些问题，理性地分析这些问题产生的原因，帮助学生走出思想的误区，及时纠正自己的错误，引导学生解决思想上以及生活中遇到的实际问题，引导他们树立正确的思想观念，继而使大学生产生正确的社会实践行为。

高校辅导员工作坚持实事求是原则确保了工作的有效性，是帮助大学生解决思想和生活实际问题的有效手段，也是完成高效教育与管理工作任务的必然要求。只有讲求实事求是的工作才是有效的，才是被学生所认可和接受的，否则工作的意义将不复存在，所以辅导员在工作中必须坚持实事求是原则。

（三）实施实事求是原则的要求

1. 顺应社会发展新形势

人的本质是生产，是一切社会关系的总和，且会以各种不同的属性表现出来。人是现实的人，是具体的人，是社会的人。辅导员和学生同样是现实社会中的人，他们始终脱离不开历史的发展。实事求是原则要求一切工作要从实际出发，高校辅导员只有将自身和学生放置到现实社会中进行考察，才能对自己和学生有一个全面而清晰的了解，继而以此为依据采取有效的工作方式、方法，并应用到工作实践当中，只有这样，高校辅导员才能使自身的工作更好地满足现代教育需求，适应社会发展。马克思主义认为，人是主体，相对于自然界的其他生物而言，人是万事、万物的主宰，人在有意识、有目的的活动中能发挥主观能动性和创造性。以人为本倡导下的现代教育，强调了教师的教育主导地位。这在高校辅导员工作中的体现为辅导员是该工作体系的主导，是教育实施的主体。

改革开放以来，我国与国际的协作越来越紧密，相互的交流逐步增多，多元的文化生态格局在我国逐渐形成，社会发展迎来了新的形势，这对大学生的成长产生了深远的影响。多元文化生态格局的形成丰富了大学生的文化生活，这是利。多文化生态格局的形成使得大学生面临的文化呈现出多元化的特征，但会使大学生受到不良文化的影响，产生错误的思想，如何做好大学生的思想工作成了高校辅导员工作需要研究的重点。

在现代社会发展的过程中，人们的思想发生了明显的变化，传统的思想意识观念逐步消退，新的思想观念意识不断衍生而来。在这种文化背景下成长的大学生所具有的思想特点也出现了很多变化。这些变化多种多样，通过对大学生群体内在共性的分析，可以将这些变化归结为两个方面：一方面，学生本身发生了一定的变化。相对于以前，当代大学生的思维更为活跃，活动的方式也极具特色，他们考虑的问题以及自身发展的需求有所不同。另一方面，学生的要求发生了变化。对于现代高校而言，需要培养出面向世界、面向现代化、面向未来的合格社会主义建设人才。为更好地顺应社会发展新形势，满足社会发展对辅导员工作提出的新要求，高校辅导员应在日常工作中加强自身建设，注重改造客观世界的同时注重改造自己的主观世界，通过不断的学习，构建完善的理论知识体系，提高自身认识世界、改造世界的能力，并从各个层面上提升自己所具备的职业素养和职业能力，充分发挥其在高校教育中应有的主导作用。另外，在辅导员工作的开展中，应发现与承认当代大学生思想与行为的变化，从满足学生实际需求的角度出发，引导学生形成正确的思想观念和行为，从而促进学生的全面发展。

2. 明确对象，贯彻始终

实事求是原则要求高校辅导员在研究工作实践对象的同时对实践活动本身做出不断探索。对于高校辅导员而言，他们所面临的工作实际，除了客观物质世界实际，还应包括大学生的思想实际。要将实事求是原则真正地渗透到工作中，就需要辅导员从实际的角度出发，在客观与主观统一的基础上，深入研究大学生的思想观念，寻找大学生思想所蕴含的规律，把握住大学生思想脉络，从而在本质上分析致使大学生产生这种思想的原因，继而采取相应的教育方式，有针对性、有目标性地对大学生进行引导和教育，从而引导大学生树立正确的思想意识观念，完成既定的教育工作目标。在此过程中，对大学生的思想活动规律做出正确的认知是关键。

我国当代大学生仍旧处于青春期，他们的身心还处于发展阶段，其成熟的世界观、人生观、价值观尚未形成，且具有很大的可塑空间，这就为高校思想政治教育提供了更多可能性。大学生的生理成长发育表现为身体急速发育，大脑及神经方面的发展迅速。伴随着生理的成长，大学生的心理也出现了一定的变化。他们各方面表现出的能力有所提高，如观察能力、分析能力、思维能力、记忆能力、学习能力及想象能力等；他们的精力充沛，对知识的渴望更加强烈，也希望通过学习来提升、发展自己；他们的情感更加丰富，有冲动、感性、热情、低迷等；他们的自我意识观念不断深化，自强、自傲、自信、自卑等表现不一。除此之外，青年阶段的大学生思想认知方面正处于正与误、知与不知、积极与消极因素涌现和交错发展时期。青年阶段大学生表现出的这些生理、心理以及思想认知方面的发展规律和特点是高校辅导员需要研究的重点之一。虽然我国高校的大学生的思想活动规律和特点与所有青年所表现出的大致相同，但是他们又独具特色。可以这样说，大学生是一个拥有着较高知识文化水平的青年群体。以发展的角度来看这个特殊的青年群体，其中处于不同高校教育阶段的大学生对思想的要求也有所不同。处于高校教育初期阶段的大学生还在慢慢适应中学到高校之间环境的变化，对于他们而言，新的校园生活才刚刚开始，他们更多关注的是大学生活的不同之处。处于高校教育中期阶段的大学生，思想发展较为稳定且逐渐成熟，他们将更多的精力投注到学习上面，用知识武装自己，以求塑造更加完善的自己，同时这一时期也是大学生全面发展的时期。处于高校教育后期阶段的大学生，他们将关注的目标定格在择业上，期望在毕业之后可以找到一份满意的工作，这也是他们完成高校到社会角色转变的重要时期。高校教育各阶段学生所表现出的这种思想活动变化，要求辅导员切实分析其所蕴含的规律，并以此为依据有针对性、有规律地开展相关教育工作。只有准确、充分地掌握这些规律，才能帮助辅导员顺利开展相关工作，也才能更好地贯彻实事求是的原则，进而实现高校教育与管理预定的目标。另外，实事求是原则作为一项基本原则应该贯彻到高校辅导员工作的始终。在高校辅导员工作中，要注意实事求是地对学生做出评价，从而使辅导员对学生形成客观的认识，继而指导下个阶段工作的开展。高校辅导员工作是一个不断循环的过程，只有确保每一个教学环节实事求是，才能保证教育工作的顺利开展。

3. 注重理论联系实际

一切从实际出发，理论联系实际，实事求是，在实践中检验真理和发展真理的思想路线，是我国在长期的实践探索中得来的，是经过历史考验的，这一思想路线丰富并发展了马克思主义理论，对我国社会主义各方面建设具有重要的思想指导意义。"一切从实际出发"是实事求是的基础和前提，"理论联系实际"是实事求是的有效途径和方法。因此，高校辅导员在工作中践行实事求是原则时，要从学生实际出发，全面了解学生的学习实际、情感实际以及生活实际等，在此基础上运用理论联系实际的方法，结合有效的手段，有针对性地对大学生进行辅导。只有这样，才能保证辅导员工作的实效。

在现实生活当中，很多大学生往往不能对自己有正确、全面的认识，不能正确认识自己所学的知识、所处的环境，不能对自己的能力做出客观的评价，常常会出现好高骛远或妄自菲薄的心理，导致这样的大学生群体制定的学习、职业等目标脱离实际，仅限定在理想状态，很难实现。在此过程中，辅导员的工作则显现得尤为重要。辅导员教育功能的实现，需要辅导员在把控实事求是原则的基础上，从学生的实际出发，切实分析学生各阶段的实际情况，运用自己专业的理论知识，引导学生准确定位自己，让他们根据自身的实际情况制定切实、可行的奋斗目标，继而落实到实践中。高校辅导员工作中理论联系实际，包含两个方面的内容，即辅导员自身要做到理论联系实际和帮助学生理论联系实际。辅导员帮助学生理论联系实际，需要辅导员在向学生传授必要的理论知识的同时帮助学生树立正确价值观、是非观等思想意识观念，以此为基础，让学生对自身的实际情况做出客观的评价和认识，继而指导学生自己制定科学合理的发展目标，并督促自己通过不断的努力来实现自己预定的目标。

第二节　因材施教原则和循序渐进原则

一、因材施教原则

（一）因材施教原则的基本内涵

因材施教是教育工作的一种原则，指在共同的培养目标下，对不同的受教育者提出不同的要求，采用的不同的教育方法。因材施教思想在我国的发展历史源远流长，这种思想最早是由春秋时期伟大的教育家孔子提出的。在当时的条件下孔子已经对学生智力、情趣、性格、专长等做出了认知与强调，并能运用到实际教学当中，取得了令后人仰慕的教育成就。自此以后，因材施教演变为我国一项优良的教育思想传统，并被后人列为一项教育的基本原则。因材施教的现代化就是根据青年学生的特点和资质，施以相应的教育，把他们培养成德智体美劳全面发展的、适应现代社会需求的有用人才。因材施教应随着社会的发展而发展，因材施教指导下的高校教育既要考虑社会的需要，又要考虑人的需要，只有这样才能真正称得上因材施教。另外，与传统相比，现代的因材施教包含了很多新意，主要体现在：首先，现代因材施教应以学生的集体教育为前提，既要规定同等年龄阶段学生需要达到的共同目标，又要为学生的个性发展创造有利条件；其次，现代因材施教应摆脱传统单纯由教师教的束缚，将学习的主动权交还到学生手上，让学生可以根据自己的"材"择取符合自己需求的教学内容、教学进度、发展方向等；最后，现代因材施教的目的不单是培养学生一定认知方面的能力，其更重要的目的是让学生的个性得到更好的发展。这一理论充分说明了现代因材施教的价值取向，这也是高校辅导员工作中贯彻实施因材施教原则的根本目的所在。从现有的因材施教定义不难看出人们对因材施教的理解主要分为三个板块，即因材施教的依据、实施手段以及实施目标。一般而言，因材施教的依据就是学生的差异、特点，实施手段就是不同的教育，目标则未有准确的定义。在因材施教原则指导下的教育中，学生是主体，因材施教也不单纯只是一种教学手段，而是作为一种思想贯穿在整个教学活动中。在当前时代背景下，因材施教应伴随着每一位学生的成长而发展，其价值取向在于促进学生本体的发展，教育目标的设定也不应是完全统一的。因此，所谓的因材施教是指教育主体根据学习者的个性特征及其他教育因素的不同，处理教育活动与社会、与人之间发展关系的一种教育思想。

由上述内容可知，因材施教原则是指教师要从学生的实际情况、个别差异出发，有的放矢地进行有差别的教学，使学生都能扬长避短，获得最佳的发展。每一位学生的教育地位都是平等的，他们之间存在一定的差异，个性与道德规范两难的问题实质上是人的个性与共性的矛盾。共性主要指的是不同事物具备的普遍性质，它决定了事物的发展趋势。个性则主要是指一件事物不同于其他事物的特殊性质，凸显出事物本身所具备的特点。事物的共性与个性是辩证统一的，个性包括了共性，并丰富了共性。因此在研究某个具体事物时，既要把控好各事物之间存在的共性，又要着重注意事物的个性，通过对个性的研究去把握共性。要想更好地认识并解决问题，需要切实做到具体问题具体分析，从而采取有效的方式。辩证的唯物法认为，矛盾是促进事发展的动力和源泉，任何事物都存在内部矛盾和外部矛盾，其对事物发展的促进作用是不同的，内部矛盾是推动事物发展的依据，外部矛盾则是推动事物发展的必要条件，内部矛盾的推动作用是通过外部矛盾实现的。这里所说的内部矛盾和外部矛盾就是指事物发展的内因和外因。在理解因材施教原则时，对于教育工作者而言，浅层次来讲，施教是为了保证高校教育工作的顺利进行；深层次来讲，施教则是为了促进受教育者更好地成长和发展。教育工作者工作的最终效果将会体现在受教育者身上，并反馈给教育工作者，继而使教育工作者能够对工作进行有针对性的调整和改善。

教育工作者所进行的教育就是学生发展的外因，学生自身的学习则是学生发展的内因。在高校辅导员工作中贯彻实施因材施教原则时，只有兼顾学生发展的内因和外因，才能取得更好的收效。

（二）坚持因材施教原则的必要性

坚持因材施教是对我国传统教育文化的继承，对这一思想的传承适应了现代教育的需要，宣扬了社会主义人本精神，是现代社会主义和谐社会发展中个性化教育的必然要求。

统观我国当代大学生的现状，他们的自主意识更强，个性特征鲜明，并强调自身的个性发展。高校辅导员工作中坚持因材施教原则，有针对性、有目的性地对大学生进行辅导，能够满足大学生个性化发展的需求。思想产生于人、作用于人，并与人所处的环境和成长的经历有着紧密的联系。但是，毕竟每个人的认知能力、成长环境是不同的，这就决定了学生思想存在差异是必然的，同时学生之间的行为差异也是客观存在的。高校辅导员不但要承认学生思想的差异性，还需要尊重这种思想差异性，从而推动因材施教成为现实。辅导员工作中坚持因材施教原则，体现出了对学生的人性关怀和对学生个性差异的尊重，充分发挥了学生的主观能动性和创造性，为学生的全面发展提供了保障，这也是辅导学生解决思想和生活实际问题的基础。在辅导员工作中坚持因材施教，是对以人为本原则和实事求是原则的延续，这要求高校辅导员在开展自身工作过程中兼顾社会和人的发展需要，从学生实际出发，实事求是面对学生的发展问题，并在工作实践中帮助学生解决问题，从而促进学生的健康、全面发展，推动学生成人成才。

另外，学生是辅导员工作的对象，是高校教育的主体，一切相关教育活动的开展必须以学生为中心。因材施教原则在高校辅导员工作中的实现，肯定了学生教育主体地位，凸显了教育工作者的辅导功能，适应了现代教育的要求。每个人都是现实社会生活中独立的个体，人的意识、能力、观念是存在差异的。造成人与人之间的这种差异，不仅仅因为人先天的生理存在差异，还因为人在后天成长中受到外界环境的影响，致使人与人之间的这种差异越来越大。在当今社会多元化发展的过程中，人与人之间的差异不是社会发展的因素，而是推动社会不断发展的动力。高校教育应当顺应这种变化，采取积极有效的变革措施，使每一个独具个性的人都能得到发展，这让教育中坚持因材施教则成为必然。辅导员必须客观地承认这一事实，做到具体问题具体分析，才能确保工作的实效性。因材施教尊重了人与人之间存在差异的客观事实，是对学生个性发展的反映和满足。无论是传统教育还是现代教育都提出了因材施教的要求，因此高校辅导员工作中坚持因材施教原则既是学生个性化发展的必然要求，又是社会发展的必然要求，还是教育自身的要求。

（三）实施因材施教原则的要求

1. 尊重学生个性差异

个性可界定为个体思想、情绪、价值观、信念、感知、行为与态度的总和，它确定了人们如何审视自己以及周围的环境。它是不断进化和改变的，是人从降生开始，生活中所经历的一切总和。在心理学中个性就是个体在对象活动和交往活动中获得，并表明在个性中表现社会关系水平和性质的系统的社会品质。由此看来，个性与人的认知息息相关，它的形成受到遗传素质、教育、环境等众多因素的影响，是不断进化和改变的。由于成长经历的不同，学生之间个性存在的差异也是必然的结果，辅导员应该尊重这一客观事实并将这种尊重体现在高校教育当中。因材施教原则指导下的高校辅导员工作实践，要求辅导员切实了解、知悉学生的个性特征，并以此为依据制定科学合理的教学方案来引导学生形成正确的意识观念和行为。一般说来，学生个性差异主要表现在能力、气质、性格三个方面，这三个方面互相影响、互相依存，并组成一个有机的整体。在高校辅导员日常工作当中，既要考虑到学生个人能力、性格的差异，又要深切的了解学生的心理、思想等特征差异，以此为依据进行有的放矢的教育，在兼顾学生整体的同时及时纠正个别学生的问题，通过有效的沟通方式与学生进行深度交流，从而确保相关工作的顺利开展以及工作实效的提升。

2. 致力于学生全面发展

学生的发展是现代教育视角下高校辅导员工作发展的重要归宿，贯彻因材施教原则要求高校辅导员致力于学生的全面发展。在传统的教育活动中，知识和技能的传授是工作的重点，这种教育涉及学生的发展，更多强调了学生知识和技能的发展。在以往的教学工作中，人们对知识及能力的重视远高于学生综合素质发展，教学目的为传授理论知识，这种教育理念具有片面性。从本质上分析产生这种现象的原因，可以归结为人们对发展的认识还不够深刻、不够全面。知识的储备和技能的提高对学生发展的促进作用，但这种教学理念容易最终导致人的物化。发展是学生的发展，如果过于强调机械化的学习，学生的自主性受到束缚，那么发展也就无从谈起。因此，在因材施教原则指导下的高校辅导员工作，需要辅导员正确认识学生的发展问题。教学的发展就是人类对文化传承的过程，人的发展就是人与文化双重建构的过程。不能简单地将人的发展总结为知识的积累，而应该看到更深层次的内涵，即人的发展是人的质变过程。在充分理解这点的基础上，高校辅导员在开展相关工作时，应综合考虑学生发展的要求及发展中可能出现的各种问题。促进学生发展的同时还需要教师发挥出因材施教应有的能量，激发学生对发展的渴望并转换为学生自主发展的动力，以此引导学生形成自主学习的意识和行为。因材施教就是发挥教学指导作用的同时争取激发学生自身努力的倾向，发挥学生的主观能动性，让学生的天性得以释放，深度发掘学生内心对发展的渴望和激情。诚然，高校辅导员工作的目标是促进学生发展，但是学生发展对高校辅导员工作又有反作用。当学生发展的层次越高，他们的思想境界则越强，接受知识的能力越强，在此基础上，虽然学生发展对辅导员工作能力提出了更高要求，但是也能够推动高校辅导员工作开展得更顺利，教育工作者应充分地认识到这一点。

此外，高校辅导员要正确认识到学生全面发展中存在的问题。从现代教学实践来看，学生全面发展还只存在于一种理想层次，因材施教原则在高校辅导员工作中的贯彻实施，将使我们向这个教育理想更进一步。教育发展的前景十分广阔，但是实现教育目标的措施还需要教育工作者进行不断的探讨和实践。学生的全面发展包括全体学生发展和学生个人全面发展两个方面的含义。长期以来，人们受传统教育思想的影响，对"面向学生全体"这一概念的认识存在一定的局限性，大班授课制使面向全体学生的发展演变为学生全体的均衡发展。这种状态的教学泯灭了学生个体个性，忽视了学生之间个性存在的差异，使层次化教学得不到实现，真正意义上得到"发展"的学生寥寥无几。所以高校辅导员在工作中要实施因材施教，只有满足每一位学生的个性发展需求，才能实现所有学生的全面发展，继而真正实现学生个体的全面发展。教育要培养的是德智体美劳全面、和谐、均衡发展的人，或者说，教育需要培养的是"全人"或"一个完整的人"，而不是培养只有某一方面发展的人。面向学生全体是为了让学生得到更好的发展，促进学生个体的全面自由发展是全面发展教育的最终目标，也是现代教育课程改革的要求。学生的个性差异决定了学生各个方面的发展也是不同的，不能强制要求每一位学生的发展都保持同步，这是不现实的，也是不科学的。因材施教原则要求高校辅导员在尊重学生个性差异的客观事实基础上，向学生传授必要的理论知识，培养学生基本技能的，并注重挖掘学生的内在潜力，从而促使他们沿着个性的发展道路获得德智体美劳的全面发展，力争做一个合格的社会主义接班人。

3."教"与"学"相结合

从因材施教角度来理解"受教育者"这个概念，学生不再是单纯被动接受知识的受教育者，而是一个具有超越性的受教育者。因此，高校辅导员在面对学生时，应该转变以往的教育观念，从传授知识到引导学生自主学习转变，充分发挥自身的教育引导作用。新课改要求下的高校辅导员工作要全面、正确地认识到知识教育概念的界定，合理设置课程教学内容，使教学内容与学生的生活、社会的发展及科学技术的进步紧密联系在一起，让知识教育更加贴近实际，使学生对学习产生浓厚的兴趣和愿望，继而激发他们探索未知世界的动力，并将知识内化为学生自己的知识，而并非存在于理论层面的知识。另外，因材施教原则还要求高校辅导员在工作开展的过程中，从知识与技能、过程与方法、情感态度与价值观三个维度确立教育工作的功能和目标，呈现出教育原有的多元化价值，拓展教育所具备的功能，让学生在掌握教学知识的同时体验学习所带来的快感、掌握必要的学习方法并树立正确的思想意识观念。因材施教原则在高校辅导员工作中的贯彻实施，适应了现代教育课程改革的要求，应该予以坚持。

因材施教原则在高校辅导员工作中的贯彻实施主要表现为教育过程中的重学。因材施教就是从学生的实际出发采用有效的教学方式方法对学生进行教学，以求获得更好的教学效果。反观当前阶段高校辅导员的工作，部分教师将教学的重点放置在"教"上，而在"学"方面的关注很少，并片面地将对学生的评价限定在考试成绩上。然而现代教育的根本目标是培养学生，推动学生发展才是教育的根本目的，本质上来讲，教育只是作为一种手段、一个过程出现，因此要倡导在教育过程中由重教到重学的转变。传统的教学理念认为，教与学是相辅相成的。现代教育理论则认为教学是一个师生之间互动的过程，教与学虽然存在辩证统一的关系，但片面强调因材施"教"而忽略学生的"学"本身就是不科学的。高校是培养人才的基地，是学生进行学习的重要场所，高校教育工作任务之一就是辅导学生通过自我创造、发现及评价来获取知识，引导学生学会如何学习，发挥学生学习的主观能动性，从而激发学生主动学习的兴趣。因此，高校辅导员在对学生进行教育时，除了传授学生必要的知识，还要注重引导学生学会学习。正确处理"教"与"学"之间的关系，是坚持因材施教原则的基本要求，只有这样才能充分调动学生的学习兴趣，发挥了学生的主观能动性，而这对提高高校辅导员工作实效具有重要的现实意义。

二、循序渐进原则

（一）循序渐进原则的基本内涵

循序渐进原则是高校辅导员工作中所需遵循的基本原则之一。循序渐进就是指按照一定的顺序、步骤逐渐进步。一般谈到循序渐进原则时，主要是从较为具体的层面上理解的，即从教学过程、教学方式方法等层面来理解。循序渐进原则亦称为系统性原则，它在高校辅导员工作中的引用，是指辅导员需要按照学生认知发展的顺序进行教学辅导，简而言之就是由简单到复杂，由浅层次到深层次的辅导过程，从而促使学生树立正确的思想意识观念。某种意义上来说，循序渐进原则客观反映了学生的认识发展规律。一般学生的认识都是由已知到未知、从低层次到高层次逐步发展的过程，因此高校辅导员工作中只有讲求循序渐进的教学，才能保证学生学习活动的顺利开展，继而提高工作实效。否则势必会增加学生学习的难度，给辅导员工作的开展带来麻烦和困难，并影响教学效果的提升与学生管理水平的提高。

（二）坚持循序渐进原则的必要性

人对事物的认识规律决定了辅导员工作必须坚持循序渐进的原则。人类在认识某种事物的过程中，都是按照由不知到知、由低层次到高层次的规律发展的。在辅导员工作中，要帮助学生解决成长过程中遇到的实际问题，应该按照从不通到通、从认识错误到改正错误的次序对大学生进行耐心的教育和辅导，使他们感受到辅导员最真切的关怀以及真诚的态度，让他们充分认识到自己的错误所在，并在辅导员的引导下积极改正自己的错误，提高自己的思想觉悟和自控能力。假如忽视了这种发展规律，违背循序渐进的原则，过分强调工作速率，急于求成，贪高图快，虽然出发点是善意的，但是最终结果往往不尽如人意，与预期的收效相差甚远。正所谓欲速则不达，因此在高校辅导员开展大学生思想政治教育和日常行为管理工作的过程中，需要坚持循序渐进原则，这是因为学生正确的思想意识并不是一蹴而就、一朝一夕就能养成的，这个过程需要学生不断学习、高校长期培养。值得注意的是，无论是学生自主学习还是辅导员培养都要讲求循序渐进，只有这样才能保证学生在成长的道路上走好每一步。坚持循序渐进原则由此显现得尤为重要。学生日常规范行为的产生依赖于正确的思想意识，这是因为意识指导行为，只有培养学生正确的思想意识，才能更好地遵守行为规范，实现辅导员工作应有的效果。除此之外，良好的行为习惯也是在日积月累中养成的，简单的一次或几次辅导并不能帮助学生养成良好的行为习惯。辅导员在工作中坚持循序渐进的原则，对学生进行引导，有助于降低学生的学习难度，促使学生调整自己的学习状态，在良好的心态影响下促进有效、规范行为的产生。因此，在高校辅导员工作中坚持循序渐进原则，尊重了人认识事物的一般规律，是大学生健康发展的必然要求，只有这样大学生才能全面、均衡发展，成为现代社会主义建设合格的接班人。

（三）实施循序渐进原则的要求

1. 正确处理渐进与跃进的关系

工作中循序渐进并不是要求减缓工作的进度，而是讲求一个科学发展的过程。循序渐进作为一项教育基本准则，应该包含渐进和跃进两个层面的内容[①]。渐进是指通过一段时间的辅导教育，让学生的思想和行为产生一定变化；跃进则是指一段时间内通过学生思想和行为的这种变化积累，使他们出现质的飞跃。渐进和跃进之间存在着紧密的联系，渐进是跃进的基础和前提，两者是一种辩证统一的关系。辅导员工作的过程，就是学生思想和行为产生变化的过程，是一种连续而又相对稳定的状态。高校辅导员工作过程中，要注意从基础抓起，逐步对学生进行教育和辅导，给学生预留出消化知识的时间，确保每一项工作有效开展。当学生的思想认知达到一定程度时，那么辅导员则可以实施下个阶段的工作，将学生的认识提升到更高的层次。缺少渐进和跃进中任何一个过程时，循序渐进原则的实施就是不完整的，没有渐进就没有跃进，跃进是渐进过程的必然结果，跃进过后就是下一阶段渐进的开始，因此循序渐进应是一个不断循环的过程。辅导员在对学生进行循序渐进的教育过程中，学生的认知是逐渐变化的，当这种变化积累到一定程度时，他们的认知就会上升到一个新的层次，会出现质的飞跃，教育效果也就因此而显现出来。大学生成长的过程中势必会伴随着知识和能力的变化，任何人都不可能是一成不变的，教育工作者特别是高校辅导员应正确认识到这一点，对学生进行全面、综合的培养，让学生的德智体美劳都得到一定的发展。渐进和跃进是教育过程中学生身心全面发展的两种状态，它们既不相同又相互联系、相互渗透。高校辅导员工作是在这两种状态交替中进行的，辅导员要注意按照一定程序，根据学生的特点，采取有

---

① 王策三. 恢复全面发展教育权威［M］. 北京：人民教育出版社，2018.

效的方式方法，有针对性、有组织性地帮助学生加速渐进过程，保证学生更好进入跃进状态，从而促进学生的发展，实现工作目标。因此，高校辅导员要想更好地将循序渐进原则运用到工作当中，就需要注意正确处理渐进与跃进之间的关系，将两者结合起来。

2. 遵循学生的认识发展规律

学生认识事物的过程也是学习的过程，是一个由易到难，由低层次到高层次发展的过程。要提高辅导员工作的实效，促进学生的身心健康发展，就需要在遵循学生认知规律的基础上，循序渐进地对学生进行引导。在辅导员与学生进行沟通交流时，仅仅通过一次谈话就想解决学生的所有问题是不现实的，也是不可能实现的。辅导员要对学生的学习、生活、情感、工作等各个方面进行了解，了解他们遇到的实际问题，并进行解答，讲求循序渐进，逐个帮助他们解决这些问题。高校辅导员对学生的工作应该是一个不断重复且逐步深化的过程。单纯地靠一次沟通是不能解决问题的，且一开始就对学生长篇大论，讲一些深奥的道理也不可能起到应有的效果。因此，辅导员在与学生沟通时，应该注重从外化到内化，从单一说教到实践活动，将情感与认识融为一体，将情感提升到信念层次，从而提高大学生自觉认识的动力。只有正确认识到学生认识的发展规律，并遵循这一规律，进行循序渐进的辅导工作，才能让学生配合辅导员工作的开展，才能够有效提升高校辅导员工作成效，并促进学生的全面健康发展。

第三节　情感性教育原则和疏导原则

一、情感性教育原则

（一）情感性教育原则的基本内涵

人类在开展某项社会活动的过程中，会受到一些情感因素的影响。人本身就是一个富含着情感的生命个体，因此，将学生教育与管理提升到情感层次是推动大学生发展和社会发展的必然需要。苏霍姆林斯基曾经说过，情感是强大无比的教育者。因此应该看到情感在教育中所起的积极作用，并将其视为一项基本准则运用到实际教育当中。古人有云："人非草木，孰能无情。"在人们所处的社会环境下，人与人之间错综复杂关系的建立离不开情感，相互间的联系也离不开情感。在人们的日常生活当中，人与人之间的接触会使人产生一定的主观感受，导致心理上出现某种波动，这种波动就是情感。情感的表现方式是多种多样的，有悲愤、欢喜、恐惧、满足、幸福、美好等，或积极，或消极。情感是反映客观事物是否能够最大效率满足人们实际需求的一种心理态度，而且是人类本身的一种特质。这说明人的需要源于客观事物，并由此引发了人的情绪体验。当作为主体的人受外界刺激时，人的实际需求和价值取向就会在内心和大脑中呈现出由感受到评价再到选择的一种过程，从而产生情感。一旦外部刺激能够满足主体的情感需要，就会刺激主体各部分感受器官，产生情感共鸣，然后以肢体语言、动作行为表现出来。具体而言，情感就是人类本身固有的心理特质，是与人们的社会性需求紧紧相连的。情感的价值在于情感是人存在的基本方式之一，是个体精神生命的主体力量，是与人的生命紧密相连并贯穿人的整个生命的。由此可见，缺乏情感的事业是得到不到发展的，也是不可能完成的。

情感教育应建立在认识情感的基础之上。情感教育作为一种需要遵循的原则和有效的教育方式，受到了国内外的广泛关注，在此背景下关于情感教育的探究也在实践中不断深入。这样的教育要求高校把学生的良好情感的培养与高校教育有机结合起来，从而使情感更加丰富和完善，要协调思维、情绪、生理三者的关系，从而使人的精神状态达到最佳。情感教育把大学生的全面发展和社会的进步当作目标，特别是重视学生在受教育时所持有的一种情绪感受，尤其注重大学生社会交往与人际沟通手段的培育，使学生个体发展能够与社会发展相协调。由此看来，情感教育的目标与我国高校教育的基本目标是吻合的，是适应现代教育发展需求的，应该予以重视并在高校教育工作中开展实践。情感教学从最根本的含义上说，就是指教师在教学过程中，在充分考虑情感因素的同时充分发挥情感因素的积极作用，以推动教学目标的实现与教学效果的增强。高校辅导员工作中的情感性教育主要是作为一种方法、一项准则，通过自己丰富的情感、语言表达，提高教育吸引力，让学生在情感体验中得到发展的教育。任何阶段、任何学科的教育都离不开教师与学生之间的沟通，而沟通的过程中势必会掺杂情感的因素。在教学实践过程中，各级教育工作者应把控好这个因素，并将其渗透到整个教学工作当中，从而使大学生教育与管理工作的开展从情感的角度对学生产生影响，并引导学生树立正确的思想意识观念。高校辅导员工作是高校教育工作的重要组成部分，因此，高校辅导员也应将情感性教育视作一项基本原则贯彻整个工作体系。

（二）坚持情感性教育原则的必要性

在当前的高校教育中，无论是理论层面的情感教育还是实践层面的情感教育都处于较为薄弱的状态，教育中的情感教育部分较为匮乏。部分高校辅导员在日常工作中，往往会以敷衍、简单、生硬的方式应对大学生复杂的思想问题和生活问题，对于困难的工作内容闭口不言或浅尝辄止，缺少细致深入的内化工作。导致这一问题出现的原因主要是高校辅导员工作中情感教育的缺失。因此，为促进学生的健康发展，高校辅导员必须在坚持情感性教育原则的基础上对学生进行辅导和管理。辅导员对学生进行辅导和管理的过程中，要以沟通的方式对学生的情感与认知产生作用和影响，并引导学生在情感上与辅导员产生共鸣，从而使大学生更主动地接受辅导员的说教，继而自觉改正自己的错误，将情感教育渗透到日常工作中是提高辅导员工作实效的有效方式。情感性教育原则指导下的高校辅导员工作，凸显了人性化的教育，同时要求辅导员必须以尊重学生为前提。在日常学习、生活当中，学生总会出现这样或那样的问题，需要辅导员在情感上给予一定的关怀，在此过程中，只有触碰到学生的内心情感，才能让他们在真实的情感体验中转变自己的思想、更正自己的错误。辅导员在工作中把控好情感性教育原则，激发学生对某种思想观念的情感体验，培养他们健康、良好的情感，有利于学生更好、更全面地接受辅导员的教育和指导，并将其内化为自己自觉的动机，从而提高工作实效。另外，学生在成长的过程中难免会碰到挫折和失败，帮助学生正确面对失败与挫折，适当调整自己的情绪，是情感教育中的重要部分，也是辅导员需要关注和重视的。坚持情感性教育原则在辅导员工作中的贯彻，可以督促辅导员给予学生更好的帮助和辅导，提高他们战胜困难、解决问题的自信心和勇气，为增强工作效果增添动力。只有在情感性教育原则的指导下，高校辅导员工作才能走进学生的内心，并从情感层面对大学生产生影响，促使他们将辅导内容内化为自己的思想观念，指导自己产生正确的行为。因此，高校辅导员工作中坚持情感性教育原则，是辅导员工作本身特性的要求，是当代大学生情感健康发展的要求，是构建大学生完善思想体系的要求。坚持情感性教育原则有利于辅导员工作的顺利开展，因此高校辅导员应该对情感教育原则给予重视和宣扬，并注重落实到工作实践当中。

(三) 实施情感性教育原则的要求

1. 树立情感教育意识

高校辅导员工作的过程，不仅仅是对学生开展教育与管理的过程，还是与学生进行情感交流的过程。辅导员只有树立情感教育意识，才能更好地指导自己将情感性教育原则贯彻到工作实践当中。具体来讲，情感教育意识主要表现在三个方面：

首先，情感教育表现为辅导员对学生的期望。辅导员对学生所表现出的某种情感，在心理上会对学生产生一定的影响。因此，辅导员在工作中要对全体学生一视同仁。坚决杜绝以带有私人情感色彩的眼睛去看待学生，坚守自己的职业道德和底线。另外，辅导员要始终做到相信学生，不断表现出对他们的殷切期望，鼓舞他们努力学习，给予他们一定的自信心，引导他们不畏艰难困苦，在自己成长的道路上谋求成功与发展。对于处于后进的学生，要做到不抛弃、不放弃，用自己最真诚的情感去感化他们，鼓励他们不断拼搏进取。在学生成长的路途中，辅导员扮演着不可或缺的角色，对学生所表现出的期望是学生希望火焰维系下去的"燃料"，可以帮助他们走出人生的低谷，在艰难困苦的时期锻造良好的精神品质。

其次，情感教育表现为辅导员对学生的亲近。辅导员与学生是高校辅导员教育活动的主体，在校期间，辅导员与学生之间的交流和接触是相当多的，而这种交流也是师生关系建立的主要手段。辅导员与学生之间存在着一种亦师亦友的关系，因此，辅导员要真正做到关心学生、关爱学生，主动融入学生群体，和他们亲近，共同解决他们生活中所遇到的困难或问题，在平等的基础之上与学生做朋友，努力成为他们的良师益友。当这种关系真正形成时，辅导员与学生在一起时就会自然地产生愉悦情感，而与学生分离时则会感到怅然若失。这也是辅导员工作中情感变化的过程。因此，在高校辅导员日常工作中，要全面地展现出自身所具备的人格魅力，让学生对自己产生一种信服感、崇拜感，并将辅导员身上所具备的情感优点转化为学生自己的优势，完善学生自身建设。这要求辅导员能够将教育的温情贯穿始终，学会亲近学生，让学生在美好的情感体验中感受到辅导员所带来的温暖和关怀，从而让学生在情感上与高校辅导员达到一种共鸣，并增强学生对辅导员工作的认同感。

最后，情感教育表现为辅导员对学生的理解。辅导员亲近学生，热爱学生，对学生有着深切的期望，能以宽阔的胸怀对待学生，能够客观、科学地看待学生。情感性教育原则指导下的高校辅导员工作，要求辅导员能够及时了解学生的实际，充分理解学生时下处境中所产生的思想、行为以及由此带来的心情的变化，并可以对学生错误的思想行为和所具有的缺点进行客观的评价和分析，辅导他们及时纠正错误、完善自身，从而促使学生拥有更加美好的未来。某种意义上，充分理解学生可以增强学生的主观能动性和创造性，在大胆尝试的心理作用下促使学生深度挖掘自身的潜能，使他们得到全面的发展。总之，在高校辅导员进行情感性教育的过程中，只有以自己最真挚的态度关爱学生、理解学生、亲近学生，充分释放自身与学生的情感，才能让彼此的情感交融，继而推动教育目标的实现。

2. 增强学生对生命情感的体验

所谓的生命情感是人作为个体与周边世界接触中对生命进行体验、感受所产生的一种情感。增强学生对生命情感的体验，可以增加学生的存在感，同时可以帮助学生融入学生群体，建立属于自己的交际圈，拉近了学生与学生之间的关系，为打造和谐校园奠定了基础。人是有生命的个体，人对生命的感悟某种程度上影响了自身思想和行为的产生，只有引导学生产生丰富且真挚的生命情感，情感性教育原则实施的目标才能得以实现，学生的成长才能寻到归宿。目前，素质教育步入了飞速发展阶段，人们对情感素质教育的重视日益提高，它跳出了工具理性主义将人视为"机器"的樊篱，是对以人为本教育理念的回归，凸显出了人的生命价值。高校辅导员在与学生交流的过程中，需要真切地了解学生亲情、友情、爱情的现状，借此引导学生形成正确的亲情观、友情观、爱情观等意识观念，让学生在这种正确意识观念的指导下感受到人生的美好，借此督促学生为更美好的生活而努力奋斗。与此同时，辅导员还要注重培养大学生良好的道德品质。辅导员作为高校教育实施的一员，在自身工作的任何阶段对大学生自律和公德的培养都是义不容辞的。高校学生大部分都处于群体生活的状态，集体道德风气对学生个体道德品质的影响是巨大的。而学生群体是由一个个学生个体组成的，学生个体道德品质对集体道德风气的影响也是不容忽视的。在高校辅导员践行情感性教育原则的过程中，要加强学生群体的道德建设，大力宣扬我国优良的传统道德文化，使学生对道德形成正确的认识，并使学生对自身的道德标准体系进行完善。另外，高校辅导员有必要组织学生深入社会实际生活，通过集体社会实践活动，培养他们的集体荣誉感、集体奉献精神、社会责任感等，并在搭建才华自由展示平台的同时促进学生道德情操的健康发展。强化学生对生命情感体验的方式是多种多样的，需要辅导员深入研究情感性教育，不断更新自己的教育理念和技能，多方位扩展情感性教育的方式，让学生在情感体验中得到更多的发展，培养他们成为一个有情有义的人，这也是现代社会主义和谐社会建设的基本要求。切实把控好情感性教育原则在高校辅导员工作中落实的基准点，注重对学生的情感培养，以情感交流的方式深化学生对所学知识和技能的认识，能够增强学生对教育的认同感，从而激发他们主动学习的兴趣和动力。情感性教育原则在高校辅导员工作中的贯彻实施，与以人为本的教育理念遥相呼应。

二、疏导原则

(一) 疏导原则的基本内涵

疏通之意可分开理解，即疏通和引导。疏导原则在高校辅导员工作中的贯彻，体现了教育民主性与集中性的结合。疏与导之间存在着一种辩证的关系，疏通中有引导，引导下有疏通，这样将两者紧密连接在一起，即为疏导。凡属于思想性质的问题，凡属于人民内部的争论问题，只能用民主的方法去解决，只能用讨论的、批评的和说服教育的方法去解决，而不能用强制的、压服的方法去解决。疏导原则的确立和发展与人民内部矛盾这一理论的认识和发展是离不开的，是对人们精神的一种具体体现。在高校辅导员工作中，学生思想上待解决的问题是客观存在的，只有用民主的说服教育方法来解决这些问题，才能取得良好的教育效果。高校辅导员要引导学生树立正确思想意识，帮助学生认清思想观念的是非，辅以必要的指导，促使他们在生活实践中对客观世界形成正确的认识。在此过程中，辅导员要切实尊重学生思想的认识规律，充分发挥学生的自主意识，鼓励学生各抒己见、畅所欲言，从而调动学生参与的教育活动积极性。面对学生思想与行为方面的诸多问题，辅导员有必要采用民主的方法、讨论的方法、说服教育的方法帮助学生解决这些问题，这种行为是坚持疏导原则的重要体现。疏导原则蕴含着丰富的传统文化，同时也是高校辅导员工作必须坚守的准则之一。疏导原则包括两个层面的原则，即疏通原则和引导原则。其中疏通是问题解决的基础，是引导实施的前提；引导是对疏通的延续，是疏通的目的所在。如果片面强调疏通原则，任由学生的思想自由发展，极有可能导致学生错误的思想泛滥，那么疏通将会毫无意义可言。反之，如果片面强调引导原则，学生隐性的思想问题得不到暴露，那么引导也就无从谈起。因此，只有将疏通和引导紧密地结合起来，才能真正发挥疏导原则在教育中应有的功能。

(二) 坚持疏导原则的必要性

高校辅导员工作的核心任务就是对大学生进行思想政治教育。思想政治教育是一个转化大学生思想，解决思想矛盾，引导大学生树立正确的世界观、人生观、价值观、政治观、择业观等思想观念的过程。只有引导大学生形成正确的思想意识，才能指导大学生正确的行为，这是辅导员规范学生行为的重要基础。辅导员工作的对象是学生，所要解决的重点问题就是学生的思想问题，即引导大学生树立正确的思想观念。辅导员思想政治教育工作的特点决定了辅导员在工作中要注意对学生进行疏导。人的思想是客观存在的反映，人与人之间所处的社会地位、环境以及自身的经历有所差异，所以人们对待生活中事物的看法不同也是不足为奇的。在实际生活中，学生所处的环境、自身的经历等不尽相同，对待事物的认知也是由低到高逐步递进的过程，思想观念对错兼具也是正常的。因此应该理性对待大学生思想认知上的差异，无论这种思想认识正确与否，都应当鼓励他们将自己的观点积极地表达出来，只有这样高校辅导员才能最真切地了解学生的想法，并和学生共同分析其中的正确部分和错误部分，继而帮助他们改正错误的想法。如此一来既满足了辅导员工作的需要，又激发了学生的自主思维能力，并提升了学生的价值观分辨能力。另外，当代大学生表现出的自主思维能力更强，极富探索精神，对待事物都习惯性地探寻原因，他们喜欢思考，不轻易相信外界的言论或思想。相较于盲从状态，这种状态的下的大学生有一定的进步。但是受生理及心理因素的限制，大学生完善的思维模式尚未建立，辩证的思维尚未形成或还不够完善。大学生的这一思想活动特点决定了辅导员在工作中必须坚持疏导原则，从而保证相关工作的顺利开展。在辅导员日常工作的过程中，应该注意发挥出当代学生的优良特性，结合这种特性采取科学合理的方法对学生进行教育，这有助于提高学生对教育的认同感，提高辅导员工作实效。因此，辅导员工作的特点以及当代大学生的特点决定了必须坚持疏导原则。

（三）实施疏导原则的要求

1. 强化疏导原则的功能

疏导原则思想的功能是由其本质决定的，强化疏导原则的功能具体应从三个方面入手：

第一，要强化疏导原则的教育引导功能。关于疏导原则，部分人片面地认为疏导原则仅限于教育引导，通过说服教育来解决人的思想问题。但是同时在实际教育工作当中，教育工作者也可以通过教育来发挥受教育者的长处，引导他们朝着自己的优势发展，这表明了疏导具有一定的扬长功能。在此过程中教育者能够帮助受教育者更全面地认识自己，使受教育者实现个人的自主发展。在新的时代背景下，部分学生过分追求自我价值的实现，将眼前的物质利益视作全部，忽略了对集体、国家发展的关注，从本质上来看，导致学生出现这种状态的原因是学生个人经验存在一定的局限性，使得学生的发展局限在狭小的空间范围内。将学生的这种发展剖开来分析是缘于缺少正确思想的引导。因此，高校辅导员在工作中，要强化疏导原则的教育引导功能，引导他们自主发展，培养他们的自主意识和自觉意识，帮助他们将个人发展和社会发展紧密联系起来，引导他们树立正确的是非观念，促使他们摆脱对社会或他人的依赖，并能够完全靠自己进行价值的判断。

第二，要强化疏导原则的心理咨询功能。在市场经济飞速发展的今天，人们的生活方式、思维方式等发生了很大的变化，多元文化生态格局的形成，使得人们的思想观念受到了冲击。在这个历史发展的时期，人们多多少少都会面临着一些压力和困惑。高校大学生作为社会现实的人亦是如此。与此同时，受我国就业制度改革和社会主体市场经济体制的双重影响，当代大学生面临着较为严峻的就业形势。如果这些压力得不到缓解或释放，很可能会导致大学生心理失衡，严重时则会造成大学生心理扭曲，这不是我们所乐意见到的。因此，疏导原则指导下的高校辅导员工作应强化心理咨询功能，为学生提供必要的心理咨询服务，与学生建立和谐的师生关系，为其营造轻松、愉悦的氛围，让他们在减少心理压力的情况下表述自己心中的疑惑，疏泄出自己心中的苦闷，并及时了解他们的思想动态，弄清他们的真实需求，也就是要疏通学生心理。值得注意的是，疏导并不能等同于教导和指导。因此，注意区分疏导、教导与指导之间的差别是十分重要的。在此基础之上，辅导员需要采用合理的方式方法帮助学生分析产生各类疑惑和苦闷的原因，继而有针对性地对学生进行引导，抓住他们思想活动的规律，满足学生的发展需求，确保他们的健康成长，也就是要引导学生发展。

第三，强化疏导原则的冲突处理功能。高校校园是学生学习、生活的主要场所，是学生活动的聚集地。大学生常处于校园生活的状态，所以他们的社会经验不足，往往会片面地看待某个事物，并会不同程度地存在思想认识的偏差和矛盾。高校学生在未离校之前，接触社会的机会相对较少，虽然系统的理论知识体系逐步建立，但是实践经验还存在很多的不足，理想信念大多停留在概念阶段。另外，当代大学生虽然在法律意义上已经是成年人，都具有较为独立的人格，但是纵观大学生整体，其表现出的心理还不够成熟，思想的发展还有赖于高校和家庭帮助。因此，在高校辅导员贯彻疏导原则的过程中，需要辅导员强化疏导冲突处理的功能，客观承认这些冲突的存在，并深入分析产生这些冲突的原因，从心理和思想上对学生进行疏导，提高学生精神境界，引导学生认准自身发展的方向，从而缓解甚至避免这些冲突的产生，促进学生的健康发展。

2. 处理好疏导所涉及的各项关系

在高校辅导员工作中贯彻疏导原则，需要处理好疏导所涉及的各种关系，主要包括疏导的内部关系、疏导与规范的关系、疏导与灌输的关系三个方面。

具体而言，首先要处理好疏导内部关系。如上文所阐述的，疏导主要包含疏通和引导两个方面的含义。疏通要求辅导员在工作中坚决抵制压制学生思维、意见、观念的行为，尽量避免强制性教育的现象出现，为学生创造各抒己见、畅所欲言的教育环境，鼓励他们积极发言，大胆表述自己的所思所想，提倡大家集思广益，充分表达自己的看法和意见。另外，辅导员要摆正自己的态度，适度放低自己的姿态，在构建师生之间和谐、平等关系的基础上，积极接纳学生所提出的意见和建议，要切实分析各类现象所蕴含的合理性和科学性，积极更正自己的错误或弥补自己的不足。要切实做到积极疏通，及时掌握大学生的思想动态，有针对性地对其进行引导，培养大学生正确的思想意识。在引导方面，要求高校辅导员敢引导，会引导。疏导原则指导下的高校辅导员工作，要加强对学生的思想引导工作，杜绝放任学生错误思想自由发展的现象出现，既要对学生正确的思想意识给予认可和支持，又要对存在错误思想的学生动之以情、晓之以理，通过辅导员耐心的说教、善意的批判，及时更正这部分学生的错误思想，引导他们形成正确的思想。值得注意的是，辅导员引导学生树立正确思想意识的过程中，对学生的批判教育应该是饱含热情的、善意详细的、情理结合的，而非采取简单、强制命令式的措施。缺失了引导的高校辅导员工作是不健全的、不科学的，可能会导致大学生错误思想泛滥，并影响我国社会主义的和谐发展，疏通的意义也就不复存在。高校辅导员在工作中正确处理疏导内部的关系，就需要把控好疏通和引导之间的关系，将两者紧密联系在一起，并落实到工作实践当中，这样才能充分发挥疏导在教育中所具备的功能。

其次要处理好疏导与规范之间的关系。在高校辅导员工作中，疏导不是在任何情况下都有效的。某种特定的条件下，疏导需要与规范结合使用才能实现良好的效果①。疏导与规范是相辅相成的关系，在高校辅导员的工作中要将两者有效结合起来，这要求辅导员对学生进行思想疏导的同时，还要注意用校园校规来规范学生的行为，从思想和行为上对学生进行教育，这对提高辅导员工作实效具有重要现实意义。学生行为的规范依赖于高校的规章制度，这需要高校以我国大学生管理制度为依据，结合本校的实际情况，从加强学生管理的角度出发，制定科学、合理的校园规章制度，明确学生行为规范，并制定成手册下发到每一位教师和学生手中，使他们对高校的规章制度有一个清晰的认识，督促学生遵守相关规定。另外，高校有必要注重校园规章制度的执行力度的强化，辅助高校教师做好学生教育、管理工作，提高高校教育工作实效。可以说疏导教育是一种"软"的教育方式，规范约束推动学生行为是一

---

① 谭小雄. 高职辅导员素质能力建设简论［M］. 长春：吉林大学出版社，2020.

种"硬"的教育方式，在现代教育体系中，只有做到软硬兼施，才能做到对学生的全面培养，促进学生的全面发展。

最后要处理好疏导与灌输之间的关系。在我国很长的一段历史时期中，教师采用硬性灌输的方式教育学生，学生大多处于被动接受的状态，忽略了疏导，违背了现代教育以人为本的精神。但是，现代教育中又存在片面讲求疏导，不进行灌输的现象。这两种对教育认知的偏差，无论是哪一种都对高校辅导员工作产生了不利影响，是现代教育科学所不能接受的。事实上，疏导与灌输并不是彼此分离的，它们之间存在着相互影响、相互作用的关系。高校辅导员工作只有贯彻疏导原则，才能更充分地知悉学生的思想实际，继而有针对性、有目的地对学生进行知识灌输；只有贯彻灌输原则，才能不断完善学生的理论知识体系，丰富学生的思想内涵，让学生形成自己的思想和主张，继而表达出来。由此可见，在高校辅导员工作中坚持疏导原则的同时还需要坚持灌输原则，必须处理好疏导与灌输的关系，把两者紧密结合在一起，以此指导辅导员工作的开展。

第三章　学生职业发展教育与就业指导

自 20 世纪 90 年代初开始，高校大学生就业指导工作经过政策指导—信息指导—就业过程指导—职业选择指导—职业规划指导—职业发展教育的历程，走过了一条不断学习、探索，也逐渐科学、更加适应社会和学生需要的道路，即从满足谋求职位需求的指导逐渐转向学生个体职业发展规划的指导。当下，大学生职业发展教育已成为各高校十分重视的一项新的关键的工作。

职业发展教育就是通过课程教学、职业生涯实践活动等途径，帮助学生掌握职业生涯规划的理论和技术，能够科学管理自己的大学生涯，优化行动。参加工作后也能更加有针对性地根据企业发展需要和个人实际情况，开发和管理自己的职业生涯。职业发展教育是激发大学生学习和成才积极性和主动性的一种重要方式。这项工作有以下四个主要功能：

第一，培养学生积极向上的人生观。人生观是一个人对人生的根本看法，它主要由人生目的、人生态度和人生责任构成。人的需要构成了人生的目的，具体的目的便成了目标。人的需求激发了人的价值目标和价值追求，这是人生活动的原动力。当一个人没有积极的人生需求或把需求定位于低层次时，这个人一定不会有积极上进的人生观。职业发展教育的目的就是要激发大学生的职业发展需求，让学生不再把需求仅仅定位于找一个工作上，而是追求人生需求更高层次的满足，并且积极行动起来，为满足高层次人生需求而不懈努力。

第二，帮助学生确立职业发展目标。受过去应试教育的影响，许多学生将考上大学作为学习的唯一目标。当如愿以偿进入大学后，就会因为失去了目标而感到迷茫，精神空虚，从而丧失学习的动力。职业发展教育就是要帮助大学生重新树立一个学习目标，即职业发展目标。让学生认识到学习并不仅仅是为了考试、拿奖学金、升学，而是为了自己将来在事业上取得更高的成就。当大学生有了一个清晰、具体、阶段性的职业发展目标后就会感到人生有了盼头，学习也就有了动力。

第三，培养学生的就业主体意识。大学生进校后就应该具有这样一种意识，即大学毕业后能否顺利就业，能否找到适合自己发展的岗位。这主要取决于其在大学阶段对知识掌握以及个人能力素质培养的程度。就业主体意识的培养就是要让大学生真正明白就业是自己的事，从进校开始，就能够把大学毕业时的压力转变为整个大学阶段的学习动力。

第四，帮助学生掌握职业生涯规划的基本知识。随着人才竞争越来越激烈，职业生涯规划作为一门为个人提供成功方法和技术的专门知识，已经越来越为人们所认可和推崇。概括起来，职业生涯规划对个人的作用或意义为突破障碍、优化行动、开发潜能、实现自我。

当学生有了积极上进的人生观、明确的职业发展目标、就业的主体意识，以及掌握了一些职业生涯规划的理论和技术之后，就会自觉、自发地学习，主动将高校所提供的优质教育资源转化为自己在就业以及未来职业生涯发展中的核心竞争力。

同时还应该看到，职业发展教育和就业指导不仅是大学生职业发展的需要，也是职业不断专业化的社会发展的需要。因此，这项工作应该也必须成为高校自觉承担的责任和义务。

第一节 辅导员在学生职业发展教育和就业指导中的重要地位

一、辅导员开展职业发展教育和就业指导工作的优势

高校大学生职业发展教育和就业指导的目标是为学生提供全程化、专业化、全员化的指导，这要求构建系统化、规范化、科学化的职业发展教育和就业指导工作体系。各高校为此成立了专业的就业指导管理机构和职业发展教育研究和教学教研室专门从事该项工作。构成大学生职业发展教育和就业指导的力量是多方面的，辅导员处在思想政治工作和学生管理工作的第一线，理应成为高校学生职业发展教育和就业指导一支重要而不可或缺的力量。

（一）辅导员开展职业发展教育和就业指导工作针对性更强

一般来说，高校都是在应届毕业生中选拔优秀的人才充实辅导员队伍。来自学生群体的辅导员与学生接触频繁，掌握学生的个性特点，熟悉学生的心理特征，了解学生的现实表现和能力，是加强大学生就业指导的最直接的老师。他们了解本院（系）开设的专业，相比负责整个学校就业工作的职能部门来说，在开展就业工作时针对性更强。他们相对稳定，从学生进校一直到学生毕业，与学生相处时间相对较长，对每个学生的家庭背景、性格特点、专业能力、综合素质等各个方面都有一定的了解，这样可以根据每个学生的特点，开展个性化的就业指导，帮助学生及时分析自身存在的优势与不足，制定科学的职业规划，提升综合素质，提高就业竞争力，转变就业观念，掌握求职择业技巧，实现顺利就业。

（二）辅导员更容易和学生交流

辅导员一般比较年轻，年龄、知识背景、生活阅历等方面和大学生比较接近。而且要经常深入学生中，与学生朝夕相处，能够和学生建立起深厚的友谊，这种状况可以使辅导员与学生之间更多地以朋友的身份展开交流、沟通，从而更易走进学生的内心深处，赢得学生的信任。对于大学生在职业规划、求职择业过程中遇到的情绪波动或心理障碍，辅导员也容易凭借角色优势，本着关心和爱护的原则，利用掌握的有关资料与学生本人进行沟通，帮助学生进行客观分析，克服困难。

（三）辅导员更容易将该项工作融入日常工作中

当前的大学生就业工作存在着一个误区，即在毕业班才开展就业指导等工作，似乎只有在毕业班才面临着就业问题。实际上就业工作是大学生的人生规划问题，应该贯穿整个大学四年的学习生活。辅导员做这项工作就具有优势，在日常的工作中就可以关注就业问题。比如，在入学伊始就引导学生做好人生规划，发现自己的兴趣点；鼓励和帮助学生把自己的特长、兴趣、爱好与社会需求、行业的发展结合起来，进行职业生涯规划；帮助学生树立正确的人生观、价值观和择业观等。也就是要针对各个时期学生的特点，正确的引导、教育和指导，全程培养和提高学生的就业竞争力。

二、辅导员在职业发展教育和就业指导工作中的作用

（一）教育作用

高校辅导员制度产生的初衷就是要在学生中建立一支思想政治工作队伍，对学生进行思想政治引导和教育。尽管辅导员的职责外延不断扩展，但是这一职业性始终延续并巩固下来。辅导员是现代高等教育的重要组成部分，是我国高等教育开展思想政治教育工作、学生工作的精锐队伍，要发挥并利用好这一职业的优势，在学生职业发展教育和就业指导工作中进行人生观、价值观方面的引导和教育。在社会主义市场经济

条件下和毕业生就业制度转轨过程中，由于社会上各种不良现象和错误思想的影响，在毕业生的就业思想中存在着种种困惑和误区。辅导员应该引导学生正确处理好国家利益和个人发展的关系，树立将祖国需要和个人价值结合起来的就业思想，增强毕业生的责任感和使命感，鼓励他们到祖国需要的地方去施展才华，到艰苦的地方去建功立业。

(二) 指导作用

辅导员在日常的学生工作和就业工作中熟悉国家的就业政策和所在学院各专业的就业领域和去向，可以生动地向大学生宣讲我国就业制度改革和各个时期的就业政策，并在宣讲过程中做好耐心细致的解释沟通工作，在具体工作中落实当下就业政策的精神实质。另外，辅导员应根据大学生身心发展规律开展创业就业的规划与指导工作，根据各个年级学生的身心特点、不同年级不同专业的职业定位，明确目标、突出重点、分步实施。例如启发大一新生的职业梦想，巩固大二学生的职业意识，帮助大三学生谋划职业生涯，指导大四学生的创业择业、求职面试。在条件允许的情况下开设就业指导课，通过课堂教学传播职业生涯概念，激发大学生的职业规划兴趣，从而为学生提供切实有用的就业技能技巧的分析。通过组织班级就业主题讨论会、校友经验交流会、就业指导专家报告会、用人单位模拟面试等多种活动形式帮助学生了解职业去向、专业前景、就业形势、求职方法技巧等多方面的信息。

(三) 咨询作用

辅导员可以在就业指导中根据学生个人所学的专业特点、性格、兴趣、特长进行个性化咨询，帮助学生确定个人的职业发展目标、培养自己的各种职业能力和素质。另外，随着就业压力的不断增大，大学生就业求职过程中的心理压力、困惑越来越多。毕业生在整个求职过程中，最常见的心理问题是由自负导致的自卑。主要原因在于毕业生制定求职目标时，没有正确评价自己，当个人目标与现实需求存在较大落差时，便产生自卑心理、焦虑怯懦心理，甚至导致自暴自弃的想法，辅导员应该为这部分毕业生提供比较专业的心理咨询。例如引导学生看待就业过程中男女不平等的问题、找工作靠关系的问题、期望值与社会需求落差太大的问题，帮助他们正确发掘自身优势，调整就业心态。

三、辅导员在职业发展教育和就业指导中的工作原则

（一）坚持着眼于学生全面发展原则

人的全面发展是社会主义的本质要求。我国高等教育的目标是培养德、智、体、美、劳全面发展的社会主义事业的建设者和接班人。现代大学生思想活跃、富有创新精神，具有较强的自我意识和民主意识，要提倡"和而不同"，营造宽松、宽容、宽厚的环境，尊重学生的权利和尊严，启发他们的自觉性，开发他们的自身能力和人生价值，完善其个性，激发他们的创造力。要确立学生在就业指导中的主体地位，为学生的才能和潜力的发挥创造一种公开、公平、公正的环境，形成鼓励创造、追求创新的氛围。

（二）坚持全程化和阶段性相结合原则

学生职业发展教育和就业指导工作是一项系统性的工程，不是一蹴而就的，辅导员既要树立全程化的指导意识，又要明确目标、突出重点、分步实施。全程化是指从大学新生一进校就开始对其进行有关个人职业发展方面的教育和引导，并贯穿受教育者的整个大学生涯。在西方发达国家，对学生的职业指导从幼儿园就开始了。而在我国，从幼儿园到高中，对学生的职业指导几乎是空白。高校面对的是一群职业生涯发展知识空白的受教育者，应该采取相应措施弥补大学生前期职业生涯教育的不足，系统地向刚进校的学生传授职业生涯基础知识，并且这种指导和教育要贯穿人才培养的全过程，贯穿学生的大学学习生活的全过程。阶段性是指不同年级的特点和发展任务，教育的目的和内容应该有所区别。对于低年级的学生职业发展教育就是在新生入学教育时将专业思想、专业发展教育与学生的职业生涯发展结合起来，促进学生的职业生涯认知，唤醒他们的职业发展愿望，形成积极上进的人生观，激发学

生自觉学习的原动力，变被动学习为主动学习。对于二、三年级的学生从培养实践能力出发，帮助学生进一步认识自己，了解自己的专业和职业，培养与自己的职业发展目标相一致并且被社会需要的职业化素质。对于四年级的学生就是要开展就业形势、就业政策及相关的法律知识教育，进行就业技巧、就业心理辅导和创业指导，帮助学生顺利进入工作状态，尽快地实现由学生向职业人转变。

（三）坚持理论与实践相结合原则

在应试教育的推动下，我国中小学教育基本上是围绕如何帮助学生应对考试而进行的，缺乏对学生进行与之未来职业发展相关的教育和引导。因此在开展学生职业发展教育和就业指导时，既要向学生讲述系统的职业规划的理论知识，帮助他们正确理解和把握有关个人职业选择和发展的理念和方法，还要开展各种实践活动。组织学生参加相关的社会实践、创业实践、职业生涯规划设计竞赛、模拟面试等活动，使学生在实践中认识自我、认识社会，进一步提升自己的能力和水平，培养与社会需求一致的职业化素质。

（四）坚持群体指导与个体咨询相结合原则

学生在职业发展中所面临的问题既有共性的问题，也有个性的问题，要想有效帮助学生解决职业发展中的问题，就必须坚持群体指导和个体咨询相结合的原则。群体指导是指针对全体学生进行的职业观、成才观和就业思想教育，引导学生正确认识自我，确定个人职业发展目标，培养学生职业发展规划意识和各种职业能力与素质。个体咨询是针对学生个体而进行个性化服务，根据学生个人的性格、兴趣、特长、职业愿望和所面临的问题进行更为具体而明确的指导，启发自己做出决策。

四、辅导员在职业发展教育中的素质要求

（一）职业品质

1. 事业心和责任感

大学生的就业受到社会各方面的关注，因为这既关系到经济的发展

和社会的进步，又关系到高等教育改革目标的实现，也关系到大学生自身的发展、成才和人生价值的实现。通过开展一系列的职业教育活动，帮助学生树立职业目标，发挥学习的主观能动性，积极主动提高自身的综合素质，为将来的就业做好充分的准备，作为肩负就业指导职责的辅导员必须清楚知道自己身上的重任，并对此有高度的事业心和责任感。

2. 关心爱护学生

热爱学生、关心学生，对学生循循善诱是一个成功教师的必备条件，也是其负责精神的表现。辅导员要切实将学生的职业发展问题视为己任，要真心实意地关心学生，充分尊重和信任学生，深入了解每一个学生的性格特点、个人能力的优缺点、个人的发展目标等，有针对性地进行职业指导。特别是对于一些深受传统就业观念影响的同学、对自己未来就业方向不明确的同学，更要进行细心的思想教育和指导。

（二）知识结构

1. 心理学

辅导员要做学生职业发展和就业指导工作，需要与众多学生进行充分的交流和沟通，这就要求其必须掌握一定的心理学知识，具有洞察学生个性特征和心理特征的能力，并且根据具体情况对学生进行一些心理测验，与信息、咨询服务相结合，以辅助他们对自己的未来做出正确的职业生涯规划。同时，帮助学生建立健康的心理也要求辅导员具备较高的心理学知识。就业心理是影响大学生正确择业和顺利就业的重要因素之一，保持良好的择业心态，是大学生求职择业得以顺利进行的重要保证。学生在择业过程中往往会面对各种困难、问题、矛盾和冲突，处置不当则会产生心理障碍乃至心理疾病。辅导员要帮助学生正确认识自我，了解自己的心理特点和职业适应范围，为他们正确地选择职业提供科学依据；帮助他们掌握心理调适的方法，保持良好的择业心态，正确地对待挫折和冲突，走出择业的心理误区，以健康的心理参与择业活动。

2．生涯规划与设计知识

帮助学生尽早地进行大学生涯规划和设计，并树立职业规划意识，对于学生今后的人生发展非常重要。辅导员也必须具备生涯规划与设计的专业知识，这些知识主要包括生涯规划的基本理论知识、生涯规划的实施原则、生涯规划的步骤和方法等知识。

3．就业形势和就业政策

就业形势和就业政策的指导是就业指导的基础。毕业生就业有专门的政策规定，辅导员要帮助学生认清当前的就业形势，转变就业观念，增强择业意识和竞争意识，主动适应就业制度改革和社会对人才的需要，在政策的指导下进行求职择业。同时，要帮助他们正确理解国家的就业政策和规定，正确对待和处理就业中出现的问题，消除择业的困惑。这就要求辅导员自身先充分了解和熟悉就业形势和就业政策。

4．所在院系开设专业的相关知识

辅导员的服务对象是自己所在院系的学生，有必要对学生所学专业的基本知识、专业前景、专业历年就业的情况有所涉猎。

5．大学生创业的相关知识

最近几年国家的就业政策中明确提出要鼓励大学生自主创业，以缓解就业压力。据调查，有些学生在毕业时想选择自主创业，可是不知道该怎么做。他们仅仅知道国家在大学生自主创业方面给予了很宽松的条件，并给予了很多政策支持，可并不知道具体有哪些优惠政策。另外对于创业需要办理哪些手续，需要遵循什么样的法律法规，拥有哪些权利和义务等，也并不清楚。因此辅导员应对他们进行必要的指导，并提供相应的咨询服务，对于毕业后并不马上创业的学生，引导他们树立创业意识。

（三）职业技能

1．咨询与指导技能

除了学习相关的理论知识，还需要在实践中掌握各种咨询和辅导的基本技能，发展相关的各种能力，积累经验。这些技能包括心理辅导技能、职业咨询技能，求职面试技巧、与学生沟通的技巧、解决问题的方法和技巧等。

2. 预测与分析技能

辅导员要给予学生有效的、可行的指导，必须对每年就业市场的走向，特别是本专业的就业形势有全面的了解，并能分析就业市场可能产生的变化，就业形势可能出现的新问题。只有这样才能应对学生提出的各种各样的就业困惑和难题，给予及时有效的帮助。

3. 丰富的职业指导经验

经验是出色做好一项工作的必要条件。经验丰富的辅导员在指导中能更快地了解学生的问题所在，提供更多的解决问题的对策和建议，有些建议可能是经过反复实践和修正的极具可行性的最佳策略。

4. 有效沟通能力

辅导员面对的学生形形色色，有些学生可能不善于表达，有的可能无法正确表达自己面临的问题，有的甚至可能有逆反心理，辅导员要善于引导学生开放自己，准确地表达自己的思想。这就必须具备有效的沟通能力，这些能力包括敏锐的洞察力、观察力、引导能力、风趣的言谈，甚至是个人的魅力。

5. 思想教育能力

毕业生的思想教育是高校思想政治教育工作的重要组成部分，也是保证毕业生就业工作顺利进行的重要环节。辅导员应具备较强的思想教育工作能力，配合学校相关部门对毕业生进行以下几方面的思想教育。

（1）形势政策教育

印发当年毕业生就业工作文件，组织毕业生认真学习，了解就业形势和就业政策，正确认识国家的政治经济形势，规范就业行为，鼓励毕业生在政策允许的范围内到贫困地区就业，或者自主创业。

（2）职业道德教育

教育毕业生树立正确的人生观、价值观和职业观，培养其良好的职业道德，激励广大毕业生爱岗敬业，乐于奉献。

（3）合同意识教育

为确保就业工作有序进行，毕业生在经过双向选择确定工作单位时，都要由毕业生、用人单位和学校三方签订协议书。要对毕业生进行合同意识教育，使其认识到履行合同的严肃性和违约对用人单位、学校及毕业生本人造成的危害，提高其执行协议的自觉性。

第二节　职业生涯规划与大学生涯规划

一、职业生涯规划与大学生涯规划概述

（一）什么是职业生涯规划

职业是一系列有内在关系的工作的总称。从社会角度来讲，职业是一定社会分工的产物，它反映了一种或多种社会需求；从个人角度来讲，职业是物质生活的来源和精神享受的来源；从内在属性上讲，职业必须具有相应的内在要求，如知识、技能、从业素质等。总的来说，职业是参与社会分工，利用专门的知识技能，为社会创造物质财富和精神财富，获得合理回报作为物质生活的来源，并能满足精神需求的社会劳动。

生涯指个人通过从事某种职业所创造出的一个有目的的、延续一定时间的生活模式或历程，如教师生涯、军旅生涯、运动生涯等。生涯是个人终其一生所扮演角色的整个过程，生涯的发展是以个人为中心的，只有个人在寻求它的时候，它才存在。生活中人们往往将生涯理解为某段特定的人生历程，一般说生涯往往就是指职业生涯。

职业生涯规划是指在个人发展与组织发展相结合的基础上，个人通过对职业生涯的主客观因素分析、总结和测定，确定一个人的奋斗目标，并为实现这一职业目标而预先进行生涯发展系统安排的活动或过程。

（二）职业生涯的发展阶段

对于职业生涯发展的阶段，不同学者有不同的观点。

美国著名的职业指导专家、职业生涯发展理论的先驱和代表人物金斯伯格认为职业生涯的发展分为幻想期、尝试期和现实期三个阶段。[①]

美国学者萨柏根据生涯发展把人的职业生涯划分为五个主要阶段，即成长阶段、探索阶段、确立阶段、维持阶段和衰退阶段。[②]

美国心理学博士格林豪斯根据不同年龄段职业生涯所面临的主要任务，将职业生涯划分为五个阶段，即职业准备阶段、进入组织阶段、职业生涯初期、职业生涯中期和职业生涯后期。[③]

此处以大学为起点，从"大学—工作—职业—事业"的角度，可以把人的职业生涯发展分为三个阶段：职位选择阶段、职业阶段、事业阶段。

职位选择阶段：职位是人的职业生涯发展的第一步。一个正常的人，不管学历高低，最终都会走向职场，通过一个职位从事一份工作，获得生命赖以生存的物质条件。

职业阶段：获得工作并不意味职业生涯已经开始。只有职位与自己的个性、兴趣、能力及价值观非常匹配，所从事的职位才会成为自己的职业。

事业阶段：在职业发展的进程中，一个人只有找到了自己的职业锚时，并变得自觉自愿、充满愉悦、全身心投入工作，他的职业才会转变为事业，职业发展进入能满足人们对成就与社会价值感需要的事业阶段。

（三）大学生涯和大学生涯规划

大学生涯泛指一个人大学期间的生活、学习、成长整个过程。毫无

---

① 肖华，俞暄一. 导航［M］. 苏州：苏州大学出版社，2012.
② 彭良平. 人力资源管理［M］. 武汉：湖北科学技术出版社，2021.
③ 张宪之，张勇，郭小婷，等. 大学生职业生涯规划［M］. 辽宁：东软电子出版社，2012.

疑问，大学生涯相当于职业发展的准备期。在大学选择某一专业进行学习，开始个人的职业准备，3～7年不等的大学生活为个人日后发展奠定基础。这是个人职业生涯的起步阶段，是决定个人能否赢在起点的重要阶段。

大学生在大学里要不断提升自己的整体素质，这是在积累资本，为毕业时选择一份职业做准备。在大学期间不做积极的、充分的准备，意味着放弃了把握命运的权利，把自己应承担的责任交付给了他人、环境，只能被动地等待社会的挑选。

而对大学生涯进行科学、合理的规划则有助于大学毕业生、毕业研究生顺利走向社会，进入职场，谋求职业发展与事业成功。

结合基本概念阐述，可以将大学生涯规划定义为大学生在大学学习生活阶段通过对自身和外部环境的了解，为自己确立职业方向、职业目标，选择职业道路，确定教育计划（特别是大学阶段的学习计划）、发展计划，为实现职业生涯目标而确定的行动时间和行动方案。

（四）大学生涯规划的意义

1. 激发大学生追求高层次的人生需求，形成积极向上的人生观

很多大学生在高中时把高考作为具体的奋斗目标，但在考上大学后感到非常迷茫，一些大学生没有明确的人生目标，不知道应该以什么样的态度面对大学生活，不知道自己应肩负什么样的人生责任。因此，大学生应该以科学的方法来正确、全面地认识自我，了解社会对人才的需求，确定自己的发展方向与目标。大学生应以大学生涯规划为切入点，通过追求职业与事业的成功实现高层次的人生需求，形成积极上进的人生观。

2. 引导大学生树立职业生涯规划意识，提高生涯规划能力

做好大学生涯规划，对个人的专业特长、能力素质、兴趣爱好、性格特征作充分全面的分析，可以帮助大学生对自己进行正确评估，迅速准确地为自己定位，理清生涯发展方向，形成较明确的职业意向，并提

升自己的生涯自主意识和责任，为今后的事业发展做全面长远的打算。

3．帮助大学生确定生涯发展目标，以目标促进学习的自主性

大学生涯规划是大学生为自己的成才和发展订立的心理契约，是自己对未来美好的承诺。大学生为实现自己的规划目标，就会制订大学阶段的学习和能力培养计划及有效的实施步骤。确定目标之后，就会如饥似渴地追求知识，充实自己，完善自己。整个大学阶段的学习和生活，就会由被动变为主动，即使遇到一些困难和挫折，也会全力以赴地去克服，不达目的不罢休，真正从内在方面来激励自己。

4．增强大学生在就业中的核心竞争力

对大学生而言，找一份好工作是多种因素共同作用的结果。包括学校培养质量（学校品牌）、专业与社会需求（专业与相关行业的发展背景、社会经济发展态势）、来自学生的变量（个人综合素质、就业观念、就业技巧、生源地与家庭背景等）、学校职业指导工作（职业发展教育、就业市场建设、就业服务与管理等）的好坏等。其中，属于大学生本人能够控制的主要是个人素质、就业能力与就业技巧。大学生涯规划的科学制定和成功实施能够使这些可以控制的素质得以完美发展。

5．为未来的职业成功打好基础

做好一份有效的生涯规划，可以引导一个人正确认识自身的个性特质、现有与潜在的资源优势，帮助人们重新对自己的价值进行定位并使其持续增值，引导人们评估个人目标与现实之间的差距，学会运用科学的方法采取可行的步骤与措施，不断增强职业竞争力，最终实现其职业目标和理想。

二、大学生涯规划的主要内容

（一）生涯规划的模式

生涯规划模式由三部分组成。第一部分是"自我"，包括能力、兴趣爱好、需求、价值观等；第二部分是"自己与环境的关系"，包括环境中的助力或阻力因素、家庭因素和社会因素等；第三部分是"教育与

职业的资讯"，包括从参观访问、文书资料和演讲座谈以及兼职体验等各种途径获得的信息和经验、培养的兴趣以及锻炼得到的能力等。

以下是生涯规划模式图（见图3-1）。大学生可以在这些理论架构的指导下，或培养，或提高，或改正，以期达到合理的职业生涯规划的目的。但是决定个人生涯规划的三个部分在不同的人面前侧重点各不相同，三部分的比重也会按照不同的情况有所划分，因而产生不同的生涯规划，所达到的生涯目标也因此呈现出每个人的独特性。

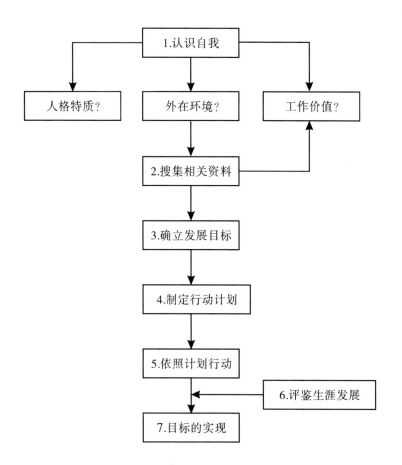

图 3-1　生涯规划的模式

（二）生涯规划的基本要素

生涯规划包含五大基本要素：知己、知彼、抉择、目标、行动。

知己，就是要了解自己，明确认识自己的兴趣爱好、能力、价值观、个性特征以及家庭、学校、社会对自己的影响等。

知彼，则是探索外在世界，包括职业的特点、能力要求、择业就业的渠道、行业发展前景、工作要求及待遇等。

抉择，就是指在知己知彼的基础上对可能的备选项进行权衡、比较，分析其中的优势、劣势、阻力、助力等因素，然后做出合理的选择。

目标，就是指决策做出以后，明确大目标，并把大目标一一分解为具有可操作性的小目标，形成目标系统。

行动，是非常关键的因素。只有美好的愿望和目标，没有把目标付诸实施的行动，结果就只是徒劳。只有按照计划采取积极行动，确定的生涯发展路线才能最终实现。

（三）生涯规划的流程

图 3-2 是生涯规划的流程。从中可以看出，知己知彼是生涯规划的前提，在知己知彼的前提下做出决策，决策做出后，锁定目标，最后开始行动。

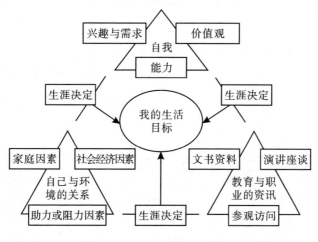

图 3-2　生涯规划流程图

（四）生涯规划的重点

根据生涯发展理论，大学阶段正好处在探索期（15～24 岁）的中后期。探索期主要是通过学校的活动、社团活动、义工、兼职等机会，对自己的兴趣、能力等方面进行探索。可以分为两个阶段：

1. 一、二年级为初探期

生涯规划的重点是自我认识，找准自己的职业锚，探索职业定位。这一阶段可以通过专业的心理测试、成长经历的探寻等手段，明确自己的兴趣爱好、个性特征、价值观等内容。

职业锚是指当个体不得不做出选择的时候，无论如何都不会放弃的职业的那种至关重要的东西或价值观。职业规划实际上是一个持续不断的探索过程，在生涯规划探索阶段，职业锚还不是很清晰，个体需要根据自己的兴趣爱好、能力、价值观等的探索慢慢地形成，形成之后往往不会从根本上发生改变。

2. 三、四年级为定向和准备期

生涯规划的重点是按照自己的职业锚以及目前所处的专业背景，提高与职业锚相匹配的各项功能，为毕业后的第一份工作做好充分的准备。如果是技术或功能型职业锚，就需要着重培养自己收集资料、分析问题、科研及动手能力等，更重要的是通过自学拓展自己的知识领域；如果是管理型职业锚，除了认真学好本专业课程外，需要着重培养人际协调能力、组织能力、语言表达能力等。总的来讲，第二阶段是一个为了实现目标而努力提高自身能力的阶段。

同时，大学生也要对职业进行心理、知识、技能等方面做好充分准备，对即将从事的职业活动有一定的、合理的心理预期，做好从学校迈向到职业的心理准备。

三、大学生涯规划的基本方法

（一）基于生涯规划流程的常规法

1. 认识自我

认识自我相当于内在条件评估，自我评估的目的是认识自己，了解自己。因为只有认识了自己，才能对自己的职业发展作出正确的选择，才能选定适合自己发展的职业生涯路线，才能对自己的职业生涯目标作出最佳抉择。自我评估包括评估自己的兴趣、特长、性格、学识、技能、智商、情商、思维方式、思维方法、道德水准以及社会中的自我等。这部分内容可以借助职业心理测评来实现，而更多的要在实际生活中体验。

2. 评估环境

评估环境相当于外在条件或环境评估。职业生涯环境评估，主要是评估各种环境因素对自己职业生涯发展的影响，分析环境条件的特点、环境的发展变化情况、自己与环境的关系、自己在环境中的地位、环境对自己提出的要求以及环境对自己有利的与不利的条件等。只有对环境因素有了充分的了解，才能做到在复杂的环境中避害趋利，使生涯规划具有实际意义。

3. 确定大学生涯发展的目标

大学生涯目标的设定，是未来职业生涯规划的重要组成部分。目标的设计要以自己的最佳才能、最适性格、最大兴趣、最有利的环境等信息为依据。通常目标分为短期目标、中期目标和长期目标。短期目标又分日目标、周目标、月目标、年目标，中期目标一般为三至五年，长期目标一般为五至十年。很显然，大学生涯中短期目标和中期目标的确定及其行动方案的制订、实施是大学生涯规划的重点。通过一段时间的学习和工作，一旦确定了自己大学生涯的发展方向，未来职业生涯目标的设定也就自然形成了。

4. 制定行动方案并实施

在确定了大学生涯目标后，行动便成为关键的环节。行动就是指落实目标的具体措施，主要包括学习、见习、实习、社会实践、培训等方面的措施。例如，为达到目标，在社会工作方面，计划采取什么措施，提高工作效率；在专业学习方面，计划学习哪些知识，掌握哪些技能，提高专业能力；在潜能开发方面，采取什么措施开发潜能等，都要有具体的计划和明确的措施。并且这些计划要特别具体，以便于定时检查。

5. 评估、反馈与修订

"计划赶不上变化"，影响职业生涯规划的因素诸多，有的变化因素是可以预测的，而有的变化因素是难以预测的。在此状况下，要使职业生涯规划行之有效，就必须不断对职业生涯规划进行评估与修订。

(二) 大学生涯愿景模型法

1. 个人愿景是什么

个人愿景发自个人内心，是一个人真正最关心的、一生最热切渴望达成的事情。它是一个特定的结果，一种期望的未来或意象。

愿景有多个方面，有物质上的欲望，也有个人健康、自由方面的欲望，还有对社会贡献方面、对某领域知识的贡献等，所有这些都可以成为人们心中真正愿望的一部分。一般来讲，个人愿景主要包括以下几个方面：

自我形象：希望成为什么样的人？假如可以变成向往的那种人，会有哪些特征？

有形财产：希望拥有哪些物质财产？希望拥有多大的数量？

家庭生活：在理想中，未来的家庭生活环境是什么样子的？

个人健康：对于自己的健康、身材、运动以及其他与身体有关的事情有什么期望？

人际关系：希望与自己的同事、家人、朋友以及其他人保持哪一种关系？

职业状况：理想中的职业状况是什么样子？希望自己的努力可以发挥什么样的成果？

个人休闲：在个人的学习、旅游、阅读或其他的活动领域中，希望创造出什么样的成果？

2. 如何建立个人愿景

学会把焦点放在全过程追求的目标上，而非仅放在次要的目标上，这样才能激发大学生自我超越的动力。每个人都有自己的愿景，但在很多情况下，人们对自己的愿景往往是模糊的，或者是误解的，这样会造成行动的盲目。因此，对于每个人来说，关键不是如何建立个人愿景，而是如何理清个人愿景。以下三个步骤可以使大学生清晰自己的愿景。

(1) 想象愿景实现后的情景：假如得到了深深渴望获得的成果，那么这到底是什么样的情景，该怎样来形容它？你的感觉如何？这种感觉是不是自己真正想要的？

（2）形容个人愿景：（想象自己正在达成一生最热切渴望达成的愿望，这些愿望会像什么样子？）回顾在中小学时代、高中毕业时、大学毕业时、参加工作后以及现在的个人愿景，其中哪些实现了，哪些还没有实现，原因是什么？

（3）检验并弄清楚愿景：（分析审视自己写下来的愿景清单，从而找出最接近内心深处的层面）如果现在就可以实现愿景，会接受它吗？假定现在就实现了愿景，这愿景能为自己带来什么？接受了它，自己的感受又是怎样？

（三）"五 What" 法

"五 What" 归零思考法是要在作出某项决策之前回答五个问题，该方法尤其适用于即将毕业的大学生。

What are you?

What do you want?

What can you do?

What can support you?

What can you be in the end?

回答了这五个问题，找到它们的共同点，就有了自己的职业生涯规划。

第一个问题"我是谁？"是对自己进行一次深刻的反思，要对自己有一个比较清醒的认识，不论是优点还是缺点，都应该一一列出来。

第二个问题"我想干什么？"是对自己职业发展的心理趋向的检查。每个人在不同阶段的兴趣和目标并不完全一致，有时甚至是完全对立的。其随着年龄的增长和经历的增多而逐渐固定，并最终锁定自己的终生理想。

第三个问题"我能干什么？"则是对自己能力与潜力的全面总结，一个人职业的定位最根本的还要归结于他的能力，而其职业发展空间的大小则取决于自己的潜力。对一个人潜力的了解应该从几个方面着手去认识，如对事的兴趣、做事的韧性、临事的判断力以及知识的结构是否全面、是否及时更新等。

第四个问题"环境支持或允许我干什么?"相当于常规法中的环境评估。

明晰了前面四个问题,就会从各个问题中找到对实现有关职业目标有利的和不利的条件,从而列出不利条件最少的、自己想做而且又能够做的职业和目标,这样第五个问题有关"自己最终的职业目标是什么?"自然就有了一个清晰明了的框架。

第三节　大学生就业指导

一、大学生就业指导的主要内容

(一) 择业就业的程序

一个完整的择业过程,至少要包括了解就业政策、收集信息、自我分析、确定目标、准备材料、参加招聘会(投递材料)、参加笔试、参加面试、签订协议、走上岗位等环节。走好择业的每一步,对成功实现自己的择业理想十分重要。

1. 了解有关就业政策

大学毕业生就业是一项政策性很强的工作,了解国家有关就业政策是人学生求职择业的关键一步。大学毕业生就业政策是国家为实现一定历史时期的任务,适应经济建设和社会发展的需要而制定的有关大学生就业的行动准则,它会根据国家政治、经济形势的变化而不断调整。各地区、各部门也会根据国家当年颁布的有关政策并结合本地区、本部门的实际,制定本地区、本部门的一些毕业生就业政策。学校、毕业生和用人单位必须按照这些政策来指导和规范毕业生求职择业活动。

因此毕业生在面向社会求职择业时,需要主动向学校及有关部门了解当年国家在大学毕业生就业过程中的具体政策规定,学校及有关部门也会在适当的时机向学生公布国家及有关地区、部门的就业政策。

2．收集信息

对大学生就业活动而言，信息的收集是一项基础工作，包括五个方面的内容：

一是政策和法规信息，比如《普通高等学校学生就业工作管理办法》《中华人民共和国劳动法》《中华人民共和国劳动合同法》等。

二是目前经济发展形势，社会各行业、各类企事业单位经营状况信息。

三是就业活动安排信息，比如何时召开企业说明会，什么时候举办招聘会等。

四是择业的经验教训信息。了解择业过来人的择业经验教训，就业指导老师的切身体会等，都会为大学生的成功择业助上一臂之力。

五是用人单位的需求信息。包括岗位需求信息、岗位对于大学毕业生的能力、技能要求以及专业要求的信息等。

3．自我分析

自我分析包括：

（1）自身综合素质、能力的自我测评，如学习成绩在全专业中的名次，自己的兴趣、特长、爱好，自己有何出众的能力（包括潜力）等。

（2）分析自己的性格、气质。一个人的性格和气质对所从事的工作有一定的影响，可以用一些测试表对自己的性格、气质进行一定的分析。

（3）优势、劣势分析。自己在择业过程中，具有哪些优势，哪些劣势，该如何扬长避短。

（4）就业愿景。自己想在哪一方面有所发展，想成为什么样的人才，换句话说，即自己的"满足感"是什么，"价值标准"是什么。

（5）"知己知彼，百战不殆"，理智地对自我进行剖析，这在择业中至关重要。

4．确定目标

自我分析的目的，是确定自己的择业目标。从狭义的就业上说，为了确定目标，大学生需要明确以下几个方面。

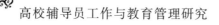

（1）择业的地域

即是在沿海城市就业，还是在内地就业；是留在外地就业，还是回本省、市就业。在确定择业地域时，要问自己这种决定是否符合政策条件，是否会得到政府教育主管部门以及学校的批准，同时还要考虑生活习惯、今后的发展等因素。

（2）择业的行业范围

即是在本专业范围就业，还是跳出本专业去其他行业就业；是从事本专业范围内的技术、管理工作，还是教学、科研工作等。在确定行业范围时，要多考虑自己的综合素质、能力如何，有什么兴趣和特长。

（3）具体就业目标

在确定了择业地域，择业的范围与自己希望从事的职业后，可以向择业的目标进一步靠拢。对于愿意到企业工作的大学生，要考虑是选择国有企业，还是选择三资企业、民办企业；对于愿意从事教育工作的大学生，是选择高等学校还是中等职业学校或者其他学校等。

择业过程中，当然会遇到许多不可预测的变化，但是事先给自己的择业确定一个比较明确的目标，可以使整个就业活动显得有的放矢，有条不紊。

5．准备材料

在确定了择业的目标之后，大学生接下来要做的事情便是准备材料。这些材料包括个人简历、自荐信、推荐表以及相关证明材料。

（1）求职简历

求职简历是最重要的应聘书面材料之一，它向用人单位表明大学生拥有能够满足该工作要求的技能、态度和资质，证明其能够满足他们工作的需求，从而使自己得到面试机会。成功的简历，既体现了应聘者的推销意识、沟通能力，也体现出应聘者的文字水平和专业水平，是求职者成功应聘的最重要的"敲门砖"。

（2）自荐信

自荐信是针对某个单位某个特定职位专门而来，通常包含更独特的信息，它要表明求职者能为用人单位做什么，和其他的求职者有何不同，对该单位和该岗位有何独到的见解，是应聘者向招聘者主动表示自己对这份工作的渴望，是努力争取面试机会的一种关键的沟通方式。求职信的好坏在某种程度上直接影响简历的作用，一份好的求职信能吸引用人单位去关注其简历，使求职者赢得面试机会。

（3）推荐表

推荐表是学校为帮助毕业生，专门向用人单位出具的一份正式的书面函。推荐表能证明毕业生的毕业身份、专业、培养方式等，并向用人单位简要介绍该生的在校表现。大致包括基本信息、个人简历、就业意向、学业水平、能力特长、社会实践、获奖、自我评估、学校综合评定及推荐意见等。推荐表是以组织的形式向用人单位推荐毕业生，具有较强的权威性和可靠性，也是不可缺少的求职工具。

（4）相关证明材料

相关证明材料包括各类获奖证书、成果证明和发表的作品等。这些材料可分为两类，一类是通用证明材料，如英语和计算机等级证书，一类是根据职位要求提供的证明材料，如会计证、律师证等。

6．参加招聘会（投寄材料）

在大学生就业活动中，招聘会或就业市场在用人单位与学生之间架起了见面、沟通的桥梁。招聘会或就业市场大致可分为四类：一是社会上的人才市场；二是政府教育主管部门所属就业指导中心组织的供需洽谈会；三是学校组织的供需洽谈会、招聘会；四是各院系自身联系组织的小型招聘会。

在招聘会或就业市场上，用人单位向学生宣传单位的发展建设状况，可能向应聘学生发放登记表，同时收集众多学生的材料。学生则在了解大致情况后，将材料或登记表交给单位。另外，用人单位往往在网上发布需求信息，而大学生也可以通过上网将自己的信息传递给用人单位。

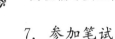

7. 参加笔试

不少用人单位在招聘过程中，采用笔试的方法，考核应聘者的知识、能力与素质，检验大学生运用大学期间所学知识、所培养技能去处理实际工作问题的能力。

8. 参加面试

面试是一些单位考核学生综合素质的重要手段。通过面对面的沟通、交流，可以了解学生的表达能力、处事能力以及其他一些不能通过笔试反映出来的个人素质。

9. 签订协议

用人单位通过提供见面、笔试、面试等招聘活动，选拔自己合意的大学生后，便向被录取的学生发出录取通知书。学生接到录取通知书后，如果愿意到该单位工作，则双方进入签订就业协议阶段。

就业协议书一般包括这些条款：服务期、工作岗位和工作内容、劳动保障和工作条件、工资报酬和福利待遇、就业协议终止的条件、违反就业协议的责任等。另外，学生和用人单位可在就业协议书上附加双方认为需要增加的条款。

10. 走上岗位

与用人单位签订好协议，并得到学校政府教育主管部门的审核通过后，接下来大学生要做的便是以优异的成绩完成毕业设计，等待毕业派遣，做好毕业离校的各项准备工作。

(二) 信息分析与利用

1. 收集就业信息

大学生收集信息的渠道，一般有以下几种：

(1) 当地政府教育主管部门所属高校毕业生就业指导中心；

(2) 学校学生就业办公室或就业指导中心；

(3) 专业性报纸，如《人才市场报》《就业指导报》等；

(4) 网络、报纸的"求职""就业"专栏以及有关企事业单位的招聘广告；

（5）社会考察及毕业实习；

（6）亲朋好友及学校校友；

（7）有关老师及其关系网络；

（8）用人单位举行的说明会等。

2. 分析就业信息

当收集到一定的就业信息后，择业者就要结合自己的情况，依据国家有关政策、法规以及社会常识对它们进行去伪存真、去粗取精的筛选，以及有目的、有针对性地排列、整理和分析。要注意信息来源的可靠性，以及内容的明确性与有效性。一般来说，一条比较好的就业信息应该包含以下要素：

（1）工作单位的全称、性质及上级主管部门名称；

（2）工作单位的实力、远景规划、在行业中以及在社会上的地位；

（3）对从业者年龄、身高、相貌、体力等生理条件方面的要求；

（4）对从业者敬业精神、工作态度等方面条件的要求；

（5）对从业者的学历、职业技能和其他才能的特殊要求；

（6）对从业者职业价值观、兴趣、气质等心理特征方面的要求；

（7）个人发展的机会、收入、福利条件等。

3. 就业信息的选择

一旦就业信息被确认为真实有效，接下来就可以从专业性、兴趣爱好及性格特征三个方面来鉴别就业信息的适合性。

（1）专业适合性

专业对口，往往是用人单位与应聘者的共同标准。专业对口可以缩短个人进入职业岗位后的适应期，使个人更容易发挥专业特长，避免自己专业资源的浪费，也可以减少企业在职业培训的投入。

（2）兴趣爱好的适合性

兴趣爱好是一个人在职业中取得成功的重要条件。在多数情况下，个人专业特长与兴趣爱好是基本一致的，不过也有两者发生矛盾的情况，此时一定要注意权衡利弊，做出决策。

（3）性格特征的适合性

性格特征本身无所谓好坏，但是就具体的工作职位而言，性格特征有适合与不适合之分的。为此，在考虑专业性和兴趣爱好的同时，也要兼顾职业信息与自己的性格之间的适合性。

4．迅速做出信息反馈

职业信息的时效性很强，及时使用就是财富，过期不用就自动作废。因此，一旦手中掌握了正确、有效、可行的职业信息，就应该及时综合这些信息，进行职业匹配和决策，并及时向用人单位发出反馈，以免坐失良机。

（三）笔试技巧

大企业、大单位往往用笔试来进行面试前的第一轮筛选，国家公务员考试也采用这种考试形式。从招聘者的角度来看，笔试是一种人力物力投入少，而又容易区分应聘者层次的考察方式。主要用于应试人数较多、需要考核的知识面较广或需要考核文字能力的情况。它采用书面形式对求职者所掌握的基础知识、专业知识和文化素养等进行综合的考察与评估。

1．笔试类型

（1）英语考试。不重语法，而是注重语言的实际运用能力，重点考查词汇量、阅读速度和写作水平。

（2）专业知识考试。注重行业基本知识，以及运用知识解决工作中常见问题的能力。那些专业性较高的单位通常会采用这种方法考查应聘者，如外贸、外资企业招聘要考外语，公检法机关录用干部要考法律知识等。

（3）基本素质测验。考查的是观察力、分析能力、学习能力和写作能力。题目类型包括智力测验、脑筋急转弯，以及逻辑推理类智力游戏等。

（4）心理测试。有的公司会对求职者进行心理测试，一般是使用事先编好的标准化量表对求职者的态度、兴趣、动机、智力和个性等心理素质进行测评。

（5）命题作文。主要是考查应聘者的文字表达能力、分析问题的能力和逻辑思考能力。如限时写出一份会议通知、请示报告，或某项工作情况总结等。

2．如何应对笔试

（1）考前练习是非常必要的。平时要注意收集相关资料和意向单位的考试套路以及考题等，进行有针对性的训练。在一些招聘网站或公司网站上，通常可以找到类似的模拟题。

（2）要有针对性地弄清楚题意，掌握解题的方法和思维方式。每个行业、每个公司的侧重不一样。例如，某银行笔试的内容是智力测验，以及考察电脑的打字速度，其目的主要是考查对数字的敏感性，还有分析数据的能力。

（3）关心时事也很重要。在笔试中，经常会出现结合专业知识对时事动态进行分析的考题。如某单位的英语笔试题目是论述目前是否应该实行积极的财政政策。另一单位的题目是请谈谈入世后中国面临的金融风险。这些题目除了考察应聘者的专业水平和能力以外，同时也考察了应聘者对时事的敏感性。

（4）要经常登录招聘网站或人才网站，尤其是学校的 BBS，因为很多公司的笔试题会在上面公布出来。向参加过笔试的同学请教也是一个很有效的方法。此外，如有可能，选修一些相关学科的课程也会有所帮助。

3．笔试评判的标准

应聘笔试是紧紧围绕着发现优秀人才展开的，考察的重点是速度、正确率以及思维的敏捷度等。所以一般笔试会要求应聘者在短时间内完成答题，题目可能是做不完的，招聘方考查的是应聘者是否懂得放弃、正确率是多少。因而笔试评判的标准常常不是题目答案的对错，而是通过答题过程，考查应聘者的基本素质和发展潜力。

4. 笔试注意事项

笔试前一定要休息好，保持头脑清醒，不要迟到。要问清楚考试类型及必备的物品，并事先做好准备。笔试时一定要冷静再冷静，要注意回答问题的逻辑性、全面性，要注意细节，不要出现拼写错误、字迹潦草，或不按要求填写信息的状况。

(四) 面试指导

对于求职者来说，整个求职的努力，最后的目的都是为了获得一次面试机会，并希望通过面试过程展现自我，获得招聘单位的青睐。而招聘单位也希望通过这一过程了解求职者的相关素质和能力，选出适合单位发展的人选。面试是招聘与求职过程中最复杂，也是最具有技巧性的一个环节，要注意以下方面。

1. 面试类型

(1) 一问一答。一般用于第一轮面试。这一形式可细分为一对一、多对一或多对多三种。小型公司也常采用这种面试方式。

(2) 行为面试。主要是通过对求职者过去行为的相关提问，考查他们各个方面的能力素质。比如根据简历，让求职者从过去的活动经历中用具体事例说明他的角色、采取的行动和取得的结果，或者设计将来要面临的一个工作场景，让求职者做决策或实地演练，以此来推知他将来的行为模式。需要注意的是，应聘者在回答这类问题时，一定要用典型的例子来证明自己的技能与素质。

(3) 小组讨论。面试时，将多个求职者聚集在一起，并要求他们共同商讨并解决某个问题。在此过程中，面试官会观察每个求职者在活动中的一举一动，例如参与的积极性、领导能力、协调能力、合作精神、团队精神以及解决问题的能力等。

(4) 案例分析。这种面试形式要求应聘者在有限的时间内模拟分析某个真实的问题，得出结论或提出建议，以此来测试求职者的分析能力、推理能力、沟通能力，以及拥有的商业知识和自信。具体有商业案例分析、数据估计、脑筋急转弯、游戏等方式。

大多数案例分析没有正确的答案，面试官主要是通过观察求职者解决问题的过程，来考察他的思维过程、反应能力与创新能力。因此，案例分析的核心是分析的过程，以及分析的合理性、全面性、创新性。大型公司尤其是咨询公司、会计师事务所经常采用这种形式。

（5）压力面试。面试官设计出各种压力场景，观察求职者在困境或压力下如何反应，探究他们在什么时候失去控制。经常需要在压力下工作的岗位，如营销岗位需要招聘工作人员时，就会采用这种面试。

（6）观察式（隐蔽式）面试。严格来说，这是一种非正式的面试。面试官为了更深入地考察求职者的工作能力和素养，观察其待人接物等细节，可能会设计某些场景，如面试等待现场、晚宴、晚会等，不公开招聘者身份，让求职者在放松的环境中表现自己，从而达到深入了解求职者的目的。

2. 面试前的准备

"工欲善其事，必先利其器。"对面试准备充分，有备而去，面试时就不会紧张，因为有很多东西可以说，可以和面试官分享与自己竞争优势相关的故事，还可以当面请教让面试官感兴趣的好问题。这可以让面试官感觉到应聘者对这个单位很尊重，对这个职位有兴趣，具备进行深入交谈的基础。所以，大学生面试一定要做好充分准备，主要需做到以下方面。

（1）了解单位与应聘的职位。用人单位的历史、业务范围、规模、经营现状、企业文化、发展前景、用人要求、岗位要求、公司的优势和弱点、用人单位的面试风格和习惯、面试官等都是面试前要了解的。如果能根据这些特点有针对性地设计自己的面试策略，那么在面试时就会表现得自信，获得成功的机会就更大。

（2）充分分析自我，挖掘自身优势。应考虑自己的卖点在哪里？哪些地方可以完善？回顾过去的经历，有哪些特别的事例？自己的个性、自己的成绩，哪些是与应聘的职位要求相符的？能为单位做些什么？做好这些分析，可以提高成功的概率。

（3）了解面试内容。面试的实质是透过一系列问题，以此考察大学生各个方面的能力。这些能力包括表达能力、思维判断能力、与人沟通能力、情绪控制能力、应变能力、合作精神，以及责任感和自信心等。不同单位、不同职位可能会有不同侧重，要灵活应对。

（4）了解面试官会问哪些问题，思考自己将如何作答？下面是面试官经常提出的问题：

①请你谈谈你自己。

②我们为什么要聘用你？

③你对我们这个行业了解多少？

④你的理想是什么？

⑤你为什么选读此专业？

⑥你对自己的学习成绩是否满意？

⑦大学四年你做过的最得意（或最失败）的事情是什么？

⑧你碰到过的最大困难是什么？你是如何克服的？

⑨你的朋友评价你时会怎么说？

⑩你还有什么疑问？

几乎所有的面试都会问到这些问题，有的可能只是换了个方法而已。

总的说来，面试官问的问题主要会涉及个人情况、应聘动机、专业情况、工作能力、人际关系与态度和工作态度等。

3. 心理上的准备

要有失败的准备。即使是最聪明能干的学生，在毕业参加求职面试时，也不是人人都会成功。如果大学生能够认识到，大部分面试都会失败，只有一次成功，而其他都只不过是练兵和积累经验的话，那么其就会以一种轻松的、尝试性的心态去面对面试。但是另一方面，也要认真周全对待每一次面试，积极做好面试前的各项准备工作，努力去争取成功。

4. 需要注意的问题

做好临场准备。要带好学生证、身份证、备用简历、推荐表等资料，简历、申请表中填写的内容要熟记，面试中可能会讨论到。牢记面试时间、面试地点和联系人。不要忘了带上笔和纸，在面试中及时记录重要信息和关键数据，使回答有的放矢。不要请人陪同，不要迟到，最好提前5～10分钟到达，熟悉环境，做好心理和仪表的充分准备。切记，细节决定成败。

（1）保持平和积极的心态。要调整自己紧张的心情，在放松自己的同时要保持积极的态度，始终面带微笑，问什么都愿意回答，但是不要不懂装懂。

（2）掌握交谈技巧。对方谈话时要认真聆听，不要打断，回答问题时要热情、坦诚、谦虚，以对方感兴趣、可以接受的方式表达。涉及多种观点时，要首先肯定他人的观点，哪怕是部分的，再陈述自己的观点，这样容易被人接受。

（3）要学会用数据来说明，增强论述的说服力。涉及对学校、老师以及同学的看法时，要多谈他人的优点以及他人对自己的帮助，包括自己的竞争对手，这样能够表现出良好的素质修养，会给别人好印象。不要过分夸耀自己。描述自己时，要用评价性语句，结合具体事例会更有亲和力和说服力。

（4）抓住提问机会。很多应聘者在面试中只是被动地回答面试官提出的问题，而不会主动提出问题。其实在面试中必须提问题，可以说不提问题是面试中一个致命的错误。提问可以让应聘者更多地了解公司，同时切题的、有针对性和深度的提问可以让考官看出应聘者对公司及职位情况的了解，以及具备的能力和素质。

（5）合理规范的体态语言。对任何人都要保持谦虚和礼貌，秘书或接待员也有可能影响面试的最终结果。落座后要保持良好的坐姿，不要左顾右盼，要保持与面试官的目光接触，证明自信，但又不能盯着看，面试结束时要道谢和说再见。

（6）适当的形象设计。面试时应穿着得体，如果能与应聘企业的文化保持一致，那是上佳的选择，它能体现出良好的职业形象，既表示对企业的尊重，又说明应聘者具有亲和力。

如有可能，可以在面试前观察一下单位的员工，了解一下企业的文化类型，再决定穿什么。一般而言，朴实整洁大方是基本原则。

5.面试后跟进

（1）要及时对面试过程加以总结。一次面试就是一次成长，面试之后要懂得总结，这会成为自己的一笔财富。所以面试之后应多想一想，通过反省和总结，下次的面试一定会发挥得更出色。

（2）给主考官发一封感谢信。面试后的当天，通过 E-mail 发一封感谢信给主考官，可能会有意想不到的结果。

6.模拟面试

大学生在进入求职之前，很少有人会有足够的面试经验。所以，当有人接到通知参加公司面试时，他们往往惶恐不安。模拟面试就是消除这种紧张情绪，积累面试经验的最好方式。

每年大学生找工作前夕，学校毕业生主管部门会组织相关面试技巧的培训，邀请著名公司人力资源部的人员对学生进行专门的培训，一般会采用模拟面试。参加这些活动，对大学生积累经验有很大帮助，可以邀请同学、朋友、老师和自己一起演习。当然如果能找到经验丰富的专业人士来帮忙训练，效果会更好。

模拟面试时需要注意这些问题：模拟面试前要构思面试场景；角色扮演要真实；演练完毕要分析和总结；可以互换角色；可以进行团体面试。

二、大学生毕业时其他出路

（一）考研

1.考研专业的选择

考研首先要面对的问题，即选择哪个专业。是在本科专业的基础上继续深入研究，还是换个方向，让自己的知识面能覆盖得更多。其实，这个问题并不难解决，其关键便是看大学生如何规划自己的职业生涯。

如果希望自己的未来的职业是一个文理通才才能做好的，那就需要做较大的转换，但是难度可能也相当大。

如果对自己的规划是成为跨国公司的财务总监，本科读的是会计专业，那么考研的时候，就得务必考虑让思维更加开阔的国际经济专业之类，才能离自己的梦想更近。

如果想成为一名高校教师，那么，对自己本专业的钻研、再钻研就是必不可少的了。

总之，对自己未来的规划，是考研前必须想清楚的问题，这样才能有的放矢，让自己更加靠近目标。

2．准备考试

做好必要的心理准备。大学生要端正考研目的，考研是为了充实自己，进一步提升竞争力，而非逃避就业压力，更不是紧跟潮流。考研不像高考有浓厚的学习氛围和老师的专业指导，而是需要考生独自承担考试压力。考研复习的强度和难度都很大，对考生的心理和体力都是极大的考验。考生要有足够的心理准备，并要有坚定的信念，才能坚持到最后。

（1）必需的财力准备。考生考研开支主要由报名费、资料费、辅导费、生活费（其中包括房租、饮食费、交通费等）、公关费组成。

（2）必需的信息准备。考研过程中包含各种信息，如招生信息、考试信息、辅导信息等。首先要了解即将考试的学校和专业，如果可能的话，尽量寻找一些历年的专业考试习题，这对于即将要参加的专业考试有一定的参考价值。其次，学习他人复习考研的经验，再结合自身的学习体会，合理安排复习，最重要的是做好计划，比如如何安排公共课和专业课的时间比例，如何分配自修和听考研课的时间，本科直接考研的学生还要处理好当下学业和考研复习的关系等。

目前考研信息收集渠道主要有：教育部的考试大纲，这是考研的指挥棒，为考生指明了复习方向；校园网站，每个大学都会将招生信息公布在校园网站上；考研讲座，信息比较零散，但有一定的借鉴性；高校网站 BBS 及各类考研网论坛，虽然是虚拟空间，但信息面非常广泛，包括考试经验、复习经验、参考书推荐、难题答疑解惑等。

3．复习与考试

3～6月，预备阶段：第一，了解考研信息，进入复习状态；第二，开始英语和数学的第一轮复习。

7~10 月，强化阶段：有规律的全面复习；参加英语、数学强化班。

11 月，查漏补缺阶段：发现问题，解决问题；开始自我测试，参加模拟考试；参加政治冲刺班。

12 月，考前冲刺阶段：进入第三轮复习，梳理知识点，把书读薄；参加串讲、冲刺班；真题模拟考试。

考前 1~2 天，放松阶段：加强运动、加大营养、放松精神、轻松应考。

4．准备面试

一般高校的面试都是差额面试，就是说仍旧有被淘汰的风险。

因此要在"战术上重视它"。一般面试的时候，内容大多和专业相关，但老师更看重考生对问题的理解能力和理解深度，因此专业的积累十分重要，要对一些学科的重要问题有自己的思考。另外，回答问题的方式也比较重要，要主次分明、逻辑清晰，注意口头表达训练。很多学校的面试都增加了英语口试这一环节，平日里的英文水平和口语能力在此时就展露无遗了，除平时付出努力外，面试前一定要恶补专业词汇，因为专业词汇是面试当中出现频率最高的词汇，可以反复练习一些简短又实用的常用句式和英文上下文的连接词，这样至少可以保证顺利应对整个面试过程。

5．准备入学

如果不是在本校读研，而是选择一个陌生的城市和陌生的学校，在拿到录取通知书之后，还是要进行一些准备的，比如了解学校的住宿条件如何，校园周围的超市、银行等生活所需是否便利等。另外，如果知道具体的导师，最好事先就和导师取得联系，这样可以在暑假期间提前开始一些研究工作，也是为将来迅速进入学习状态做好准备。

（二）留学

1．语言——通往"外面世界"的敲门砖

大部分留学生会选择去英语国家深造，而他们需要通过各类英文考

试，达到一定的分数，才能获得学校申请入学的资格。以下是几种常见的英文考试。

（1）TOFEL（Test of English as a Foreign Language）也称托福，由美国教育考试服务处 ETS（Educational Testing Service）主办，是针对非英语国家留学生的一种入学英语考试。由于托福在考察非英语国家留学生的英语水平及其掌握的熟练程度上具有一定的科学性和有效性，因此得到了美国、加拿大等100多个国家高等学府的认可，是目前世界范围内分布最广、最有效力的考试之一。在中国，新托福在北京、上海、广州和其他几个城市举办，并逐步扩展至全国。新托福的报名通过考试中心的网上报名系统进行。

（2）GRE（Graduate Record Exam）是美国教育考试服务处提供的研究生入学资格考试，它适用于除了法律（需参加 LSAT 考试）与商业（需参加 GMAT 考试）以外的各种学科与专业的研究生考试。GRE考试分两种，一种是普通 GRE 考试（GRE General），另一种是专项GRE 考试（GRE Subject）。大多数美国高校不要求提供专项 GRE 成绩，只要求普通 CRE 成绩。但申请研究生专业与申请本科专业不一致的申请人，需要提供专项 GRE 成绩。

（3）GMAT（Graduate Management Admission Test）美国、英国、澳大利亚等国家的高校都采用 GMAT 考试的成绩来评估申请人是否适合于在商业、经济和管理等专业的研究生学习阶段学习。GMAT考试是由美国经企管理专业研究生入学考试委员会（GMAC）委托新泽西州普林斯顿的美国考试中心（ETS）主办的，在我国的主办单位是中国国外考试协调处（CIECB）。

（4）IELTS（International English Language Testing System），音译为"雅思"。由英国剑桥大学测试中心（UCLES）、澳大利亚高校国际开发署（IDP Education Australia）及英国文化委员会（The British Council）共同举办。1990 年 4 月在中国开始推广。英国、澳大利亚、新西兰、加拿大及许多国家的众多高校均采用并认可这一语言测试系统。IELTS 考试分为培训类（General Training）和学术类（Academic）

两类。

2. 留学之前的准备

一旦选定了留学的目的地，已经完成了英文考试，下面是真正的实施阶段了。

制作一份简历，这种简历与找工作所用的简历略有不同，除了个人的基本信息外，更注重自己的学习和学术研究状况。简历之外，还需要一份个人陈述。国外的大学非常重视学生的自我评价，因此，要简短地介绍自己的优势所在，吸引别人的注意力。此时无须谦虚，适当的展示、夸奖自己是必要的。另外，申请信函里还必须包括一封或几封导师的推荐信，如果能找到几个在国际上有影响力的导师对自己进行推荐，那无疑会为成功增加筹码。

准备好的材料寄出后，不要仅仅只是等待，要不时发邮件了解一下进展情况。还要和申请的教授保持联系，或许还会有意外的收获。如果一切顺利，将很快收到申请大学的通知书，如果没有全额奖学金，还需要资金方面的准备。在最后的签证环节，可上网研究他人的成功经验，或者查阅专门的指导性书籍。

3. 做好心理准备

准备订机票、收拾行李的时候，再问问自己真的准备好了吗。人在异乡困难重重，该如何面对。有时情绪低落，身边又没有可以诉说的人，该如何调适。

如果能够在离开家乡之前，把很多问题想清楚、弄明白，做好面对全新生活的心理准备，就可能比别人更快地适应新的环境和新的竞争。只有对后面接踵而来的挑战困难做好充分的准备，才能步步为营，成为一个合格的留学生。

另外，求助于已经在国外就读的同学朋友，或者咨询一些专业的留学机构，也能够帮助自己顺利走出国门。

(三) 自主创业与灵活就业

灵活就业是相对于传统就业模式而言的，它不同于正规的全日制、与用人单位建有稳定的劳动法律关系、享有工资福利和社会保障的就业。与传统就业模式相比，灵活就业方式的特点是灵活性强、自由度大、适应范围广、劳动关系比较松散，形式上大致可分为三类：

第一类是在劳动标准方面（包括劳动条件、工时、工资保险以及福利待遇等）、生产的组织和管理方面以及劳动关系协调运作达不到一般企业标准的用工和就业形式，主要是指小型企业、微型企业和家庭作坊式的就业者，以及虽为大中型企业雇用，但在劳动条件工资和保险福利待遇以及就业稳定性方面有别于正式职工的各类灵活多样的就业形式，比如临时工、季节工、承包工、小时工、派遣工等。

第二类是由科技和新兴产业的发展以及现代企业组织管理和经营方式的实施而产生的灵活多样的就业形式，如目前广泛流行的非全日制就业、阶段性就业、远程就业、兼职就业等。

第三类是独立于单位就业之外的就业形式，包括自雇型就业，有个体经营和合伙经营两种类型；自主就业，即自由职业者，如律师、作家、翻译工作者、中介服务工作者等；临时就业，如家庭小时工和其他类型的打零工者。

近几年发达国家失业率有所降低，其中一个很重要的原因是推行灵活就业的形式。在许多发达的市场经济国家，人们逐渐不满足于传统全日制就业的模式和劳动者终生供职一个单位的状况，而是开展很多灵活的就业方式。这种灵活的就业方式已被我国一些毕业生所接受，并有上升的趋势。

毕业生以灵活方式就业，包括自主创业、自由职业、意向就业等。

1. 自主创业

大学生自主创业是改变就业观念，利用自己的知识储备和技术，以自筹资金技术入股寻求合作等方式创立新的就业岗位，即毕业生不做现有岗位的竞争者，而是为自己、为社会更多人创造就业机会。我国政府鼓励、支持和引导个体、私营等非公有制经济发展，也积极鼓励和支持大学生自主创业，中央和地方均出台了许多鼓励大学生创业的政策，为大学毕业生创业提供了良好的政策环境。当然，创业是一项复杂的系统工程，也是一个艰苦的过程，充满了挑战，不仅需要具备一定的创业环境和外部条件，而且需要创业者自身具备一定的创业素质和能力，需要一定的工作经验和社会阅历，不是仅凭满腔热情就能够实现的。所以，有创业意向的毕业生应该在深入分析主客观条件，制定周密的创业计划，充分论证创业的可行性，确定切实可行后再实施创业。

2．自由职业

自由职业指以个体劳动为主的一类职业，如作家、自由撰稿人、翻译工作者、中介服务工作者、某些艺术工作者。一些在写作、设计、绘画等方面有专长的毕业生倾向于做一个自由职业者。

3．意向就业

指毕业生与用人单位达成就业意向，落实工作岗位，但暂时还没有正式签订就业协议书劳动合同或没有出具接收函，包括到单位进行就业见习、试用期、进入家族企业等。这类情况往往是毕业生和用人单位出于还需要进一步相互了解的目的而选择的一种形式，也是双方进一步考察、选择的过程。

三、从大学走向职场

（一）准备工作从大学开始

1．做好职业规划，完成就业的思想准备

要客观、全面的认识、定位自我，确定理想的职业目标；要树立正确的人生观、价值观和切合实际的择业观；要加强思想的锤炼和修养，做好适应社会的思想准备。

2．掌握专业知识，完成就业的知识准备

要刻苦学习，不断强化基础知识和专业知识；要广泛涉猎，扩大知识面，优化知识结构。

3．提高自身素质，完成就业的能力准备

要注重日常积累，提高适应能力；要积极参与校园文化和实践活动，培养沟通协调能力及团队协作能力；要大胆实践，勇于探索，提高创新能力；要善于观察，勤于思考，提高再学习能力；要敢于实践，创造机会，培养决策、管理能力。

（二）在职场中实现职业规划

1．尽快适应职业需要，完成角色转变

要完成从自我角色向社会角色转变，适应职业和社会需要；要立足新环境，树立责任意识、独立意识、协作意识和学习意识；要重视入职培训，明确岗位职责和工作任务。

2．树立良好的第一印象，尽快打开工作局面

要做到服饰整洁、仪表端庄、举止得体、言谈亲切；要做到遵章守纪、遵时守信、团结同事、真诚待人。

3．建立和谐的人际关系，搭好施展才能的舞台

要尊重他人，勿狂妄自大；要主动随和，勿沉默寡言；要律己宽人，勿心胸狭隘；要平等待人，勿厚此薄彼；要热忱助人，勿见利忘义；要诚实守信，勿贪图虚名。

4．熟练掌握职业技能，学会开展工作

要熟悉、认同组织文化和组织价值观，全身心融入团队；要弄清岗位职责，明确工作任务；要克服依赖心理，学会自主开展工作；要从小事做起，树立良好的职业形象。

5．锐意进取，把握机会，努力获得成功

总之，只要大学生胸怀远大理想，树立不怕困难、勇于进取的精神，从小事做起，一步一个脚印，脚踏实地，锲而不舍，百折不挠，机遇就会向其靠拢，职业的大门就会敞开，职业成功的道路就会向前方延伸。

第四章 学生班级与学风建设管理

第一节 学生班级建设管理

班级的管理具有一般管理过程的特点，是一个计划、组织、检查、总结的动态过程。作为一种教育性组织，班级是学生在学校中学习、成长和开展各种活动的基本场所。

一、学生班级的特点

高校学生班级除具备了班级的一般特点之外，还具备以下特点。

（一）学生自管

高校的学生一般处于18～22岁这一年龄阶段。学生在认知发展方面，思维具有明显的辩证性，具有一定的创造性，表现为可以灵活运用各种思维技能并提出新的设想与见解；在情绪、情感方面，心境逐渐明朗化，各种情感体验能保持一定的稳定性和较长时间的延续性，道德感、理智感、美感等高级情感日趋成熟、稳定并逐渐成为个性特征的一部分；在自我评价方面，本年龄阶段的学生更注重内在品质，敏感性增强，丰富性方面也有所提高，自我控制方面能够做到自觉提出动机，对目的进行调节与支持，防止事情任意改变，坚持实行预定的行动计划；

在人际交往方面，交往的形式增加，内容丰富多样，交往范围广泛，出现大量非正式群体。本阶段学生还具有明显的自我设计愿望，能以积极探索的心态去设法改变环境，使之为个人的发展服务，以各种方式向周围的人表达自己独立自主的要求，希望成为自己命运的主人。

鉴于学生的以上特点，在高校实行学生自管是可行的，也是有必要的。同时，学生自管制度也给高校班级建设带来了新风，促进了学生工作的顺利开展。

（二）专业特色

高校的各班级分属不同专业，因此在进行班级建设时，应结合本班级的专业特色进行管理，以专业特色为基础形成班级特色。同时特色班级的创建能丰富班级生活，提升班级品位，要通过班级共同理想的引导，依托所学专业形成正确的班级理念，这也是高校学生工作中调动学生积极性和自觉性的重要手段。

（三）年级特色明显

高校学生从入学到毕业，不论是在心理方面还是在生理方面，都有很大的进步与发展。因此，在高校实行有特色的年级管理是进行班级建设的有效手段，它符合学生成长的规律，有利于形成学生的集体意识和良好的风气。

一年级学生大都年龄偏小，从家门到校门，缺乏社会实践的磨炼，心理素质不够稳定。他们没有足够的兴奋情绪，学习动力不足，过于自信但不自强。因此对本年级学生进行教育时，应该加强理想教育、学风教育、目标教育、专业教育和心理教育，要做到热情与严格相结合，促进学生迅速成长。

二年级学生的个人看法和个性会明显地表现出来，并积极展示，要求扩大自我空间。学生中会出现一种上升下降、错落交替的局面，这时的班级工作应做到因材施教，对各方面表现进步者应及时给予肯定和鼓励，对少数学习呈下降状态的学生更要格外重视，同时也要抓好学生中非正式群体的引导工作。

三年级学生心理相对趋于稳定，班级中好、中、差的群体层次基本确定。在四年级的班级工作中，应加强就业与择业观教育，做好就业指导。

二、学生班级建设过程

班级组织这个群体是由不同个体集结而成的，要成长为具有组织特性的团队，需要一个发展变化的过程，在不断分化与整合中成长和发展。

一般而言，一个好的班级需要具备这样几方面的特点，即有明确的奋斗目标，有团结一致的领导集体，有良好的组织和制度保证，有和谐的人际关系，有良好的舆论监督氛围，有相应的班级活动为依托，有自己的特色等。

（一）良好班级的形成步骤

1. 基础阶段

这一阶段，学生面临的最重要问题是学生生活的转变，从过去以学习为主的中学生活转变为丰富多彩的大学生活。

为了帮助学生实现这一转变，班主任、辅导员应做的是帮助学生适应大学生活，完成班级框架建设，如进行相应的入学教育，初步建立班委会和团支部等班级管理机构，初步形成班级制度等。

2. 形成阶段

在班级建立之初，学生的注意力主要集中在了解班主任、辅导员和任课教师，了解新的学校生活，建立与同学间的稳定关系上。这时班级的特点为班级成员彼此缺乏充分的交往，只是由于好感或者原来有一定的关系（如来自同一社区或学校等）而进行交往，因此人际关系是情绪性的，没有共同的活动、任务为中介；班级还没有形成全体成员所认同并愿意执行的行为规范，群体意识差，聚合力弱。经过一段时间的磨合之后，同学之间才会逐渐形成基于需求、兴趣倾向等相同或类似因素的小团体。

3. 形成凝聚力阶段

当班级中大多数学生都能接受团体要求时，主动积极的团体学习与活动一旦确立，在班级中得到承认的行为就是积极参与活动。学生的自尊心由于在各项活动中发挥了积极作用而得到提高，因而他们关注的焦点也就转变为如何积极参加活动、发挥作用。即使是强烈违反团体要求的学生，也会试图在参与活动的过程中获得自身需求的满足。班级中的对立不再是情感上的对立，而是由认识深浅的不同、价值观和体验的不同、个性的不同等所造成的逻辑上和个性上的对立。只有视野广、洞察力敏锐的学生才具有引导班级团体的号召力。学生成员能够根据集体的要求自觉接受学生干部的领导，形成强有力的班级凝聚力。

4. 形成特色阶段

高校的学生班级不仅要形成一个班级核心，具备强大的团体意识，更重要的是要具备一定的班级特色。班级特色可以与专业相关，形成自身特点，也可以从班级管理手段、理念等方面做到与众不同。

（二）在班级建设过程中应该注意的几个问题

1. 深入了解学生实际情况，准确把握学生思想动态

深入全面了解学生是班主任、辅导员一切工作的基础。在班级建设目标确立之初，班主任、辅导员可以通过阅读学生档案、到学生宿舍座谈和个别谈话等方式，获得本班级学生的一些信息，如了解学生的人数、性别、年龄、民族、宗教、家庭状况、学习状况、兴趣、爱好等，从而分析学生对班级的期望，以及对自学成才的要求，了解学生能力以便进一步开展班级工作。同时班主任、辅导员可通过与班级骨干力量的互动及与个别学生的互动了解班级制度是否合理、有效，从而及时修正班级建设中的失误。

2. 加强师生、生生之间的直接互动

班级组织为了实现特定的目标而开展各项活动，这本身就要求班级中教师与学生之间、学生与学生之间的互动必须是直接的、面对面的。班级组织的健康发展在很大程度上取决于班主任、辅导员对班级成员的认知和理解程度，因此需要班主任、辅导员与学生之间建立和谐互动和

相互信任的关系。

3. 运用自己的人格力量来组织班级活动

为了创造良好的师生关系，除正式的班级管理常规制度之外，班主任、辅导员还需要运用一些非正式力量来影响学生，人格魅力就是其中最为重要的一种，应以情感和人格魅力为依托来加强班级的常规管理，促进良好班集体的形成。

4. 班级建设需要学生的参与

班级建设离不开学生和教师的共同参与，在高校尤其如此。高校学生日趋成熟，自我意识发展水平较高，有较强的自我控制能力，有积极参与管理的信心与能力。在这样的学校中，鼓励和吸收学生参与班级管理是加强班级建设的有力保证。教师应该在尊重学生、信任学生的基础上把部分班级工作交给学生，并借此机会锻炼学生的实践能力。

5. 班级建设需要教师和家长的配合

教育的一致性显示，尽管教师工作具有较强的独立性，但班级工作仍是每一名教师的责任。班主任、辅导员要积极取得任课教师的配合，形成一个对学生能够产生一致教育影响的教师群体。同时，家长作为学生的第一任教师和重要的终身教育者，会对学生产生重要的影响。班主任、辅导员应及时与家长沟通，全面了解学生，做到家庭教育与学校教育相互配合，形成正确的教育价值观念，创建良好班级。

三、学生班级建设措施

高校学生工作者应秉承以人为本的班级建设理念，一切围绕学生的成才和成长，以为现代化建设培育合格人才为己任，实施扎实有效的班级建设措施。

(一) 健全班级组织机构

1. 班干部的选择

一个班级的学生一般有这几个主要类型：一是可以作为学生榜样的品学兼优生；二是自发的"小头头"，这些学生一般聪明能干，在班级调皮学生中很有威信；三是"老好人"，这些学生一般愿为同学服务，能够团结大多数人，但能力一般，工作办法少，这些学生大都听教师的。

一般来说，一个班干部除应具备一个好学生的条件外，还应满足下列标准：

第一，有正直公正的品德作风。

第二，具有一定的活动和组织能力。

第三，有较强的工作责任心。

以上三点是选拔学生干部主要的理想标准，但是有经验的教师都知道，新生中符合上述条件的班干部是很少的。因此班主任、辅导员在选拔学生干部时应该从班级的实际情况出发，在比较中加以取舍，而不应苛求，重要的是今后的教育和培养。有些学生学习成绩虽然并不怎么好，但热心为集体服务，被选拔为班干部后，不仅工作搞得出色，而且自己的学习成绩也得到了提高；有些学生有某一方面的特长，如果发挥得好，能带动班级某一方面工作的开展。有些班主任、辅导员为了调动一些纪律较差的"调皮大王"的积极性，促使他们改变，会选拔其中一两名学生担任学生干部，能够取得较好的效果。当然，选拔这类学生当班干部，一定要在班集体已初步形成，班级干部力量较强，对这些学生有较全面了解的基础上进行，否则很容易给班级带来混乱，对这些学生的成长也没有好处。

2. 班干部的培养

培养班干部一般分以下三个阶段：

第一阶段是指导阶段。班干部明确分工后，班主任、辅导员应亲自带领他们进行工作实践。这点对低年级的班干部以及新班干部尤为重要，因为班干部毕竟还是学生，他们一般缺乏在集体中工作的经验。班主任、辅导员首先应该带领正副班长、团支部书记工作，然后带领其他班干部工作。在带领班干部工作的过程中，班主任、辅导员要着重对班干部进行为集体服务的思想教育，纠正"当干部吃亏"或"当干部捞好处"的想法，加强他们的工作责任感，促使他们积极开展工作。

第二阶段是提高阶段。班主任、辅导员可以采用班干部和高年级干部或学生会干部对话，参加学校组织的学生干部培训、学生干部工作、智力竞赛等方法来加强班干部的培训，能够取得较好效果。

第三阶段是放手阶段。这一阶段，班干部的工作责任感增强了，工作能力提高了，班委组织健全了，班主任、辅导员就可以大胆放手了。在培养班干部过程中，班主任、辅导员应注意这些问题。

首先，要全面关心班干部。教师应积极关心学生干部在德、智、体、美、劳各方面的全面发展，不应只向他们压工作担子。很多学生干部因无法胜任工作很快就退了下来，甚至落后于普通同学，这往往和班主任、辅导员不关心他们的全面成长有关。其次，要防止班干部特殊化。要严格要求他们，不能姑息和溺爱，这是从另一个侧面对班干部的爱护和培养。最后，要正确处理班干部和同学间的矛盾。一旦班干部和同学发生矛盾，班主任、辅导员就要具体分析，把解决矛盾的过程变成一种对班干部和其他学生进行思想品德教育的过程，从而提高班干部的威信。

"亲自指导—学习提高—逐步放手—独立工作"是班主任、辅导员培养班干部队伍的整个过程，也是良好的班干部队伍和积极分子队伍形成的过程。

在班干部队伍的形成过程中，班级的组织机构（班委会、团支部）得到发展和巩固，并体现出核心作用。具体表现为：①组织机构成员在班级中有较高威信，具有某一方面或多或少的能力，并力图把自己的能力献给集体；②班级的组织机构是班级正确舆论的中心；③组织机构成员是班级的榜样；④班干部成为班主任、辅导员的得力助手，是联系师生关系的桥梁。核心作用的发挥必将加快班集体的形成，为以后发挥班级多方面的教育功能提供保证。

（二）建立和谐的班级人际关系

一个和谐班级的组织和建设离不开和谐的师生关系。和谐的师生关系就是一种师生相互尊重信赖的关系，这种关系是班主任、辅导员、任课教师做好一切教育教学工作的基础。每一名教师都要特别注重和珍惜学生对其产生的信赖感，这种信赖感是由教师的道德品质产生的。教师以身作则、努力工作、充分理解学生的心理、办事公道、表里如一，这些都会让学生对教师产生信赖感。班主任、辅导员、任课教师必须是一个"利他型"的人，必须是一个对教育事业高度负责和对学生充分尊重的人。以尊重感和责任感为前提的信赖感，是师生关系最重要的纽带，是班主任、辅导员、任课教师发挥教育作用的最佳渠道。

建立和谐的师生关系需要考虑以下两方面。

首先，必须建立班主任、辅导员、任课教师对学生的信任感。要建立这样的信任关系，班主任、辅导员、任课教师应具有正确的教育思想，对自己的事业具有强烈的使命感、责任感、奉献感，无论在顺境还是逆境，都能一心扑在教育事业上，以培养社会主义建设事业所需要的人才、提高整个中华民族素质为己任，对学生有爱心，信任和尊重学生。

其次，要形成学生对班主任、辅导员、任课教师的信赖感，即学生对班主任、辅导员、任课教师尊重、相信、依靠。合格的班主任、辅导员、任课教师能将教育教学的基本任务化解成具体的班级工作目标，然后转化成对每一个学生的具体要求。班主任、辅导员、任课教师以自己高尚的人格和高度负责的态度，通过多种方式千方百计地提高学生的道德认识、道德情感，养成学生良好的道德行为习惯，学生也因此从班主任、辅导员、任课教师那里得到道德需要的满足，而对其产生由衷的尊重。他们相信班主任、辅导员、任课教师是自己走上成熟之路的引路人，相信班主任、辅导员、任课教师能帮助他们解决种种人生疑难问题。

（三）培养正确的集体舆论

第一，进行思想政治教育，加强正面引导。例如，有一个学生得了重病，班内几个同学悄悄捐款买了补品去看望他。随后，由班委出面向全校发出了捐款倡议。班主任、辅导员掌握这一情况后，立即召开班会，一方面肯定了学生们的做法，另一方面引导学生懂得只从财物上关心同学是不够的，更主要的是从思想上、精神上去关心、爱护同学，帮助其树立生活的信心。以后，同学们经常自觉地分批到医院看望生病的同学，为他讲学校里的新鲜事，辅导他学习，使这个同学深切感受到同学们的友爱、互助之情，树立起了生活信心。从此以后，班级中同学间相互帮助、团结友爱的集体氛围便逐步建立起来了。

第二，树立榜样，及时表扬。榜样的力量是无穷的，学生的模仿性强，他们常以革命领袖和英雄人物的光辉形象激励自己，把最尊敬的人的一言一行作为榜样。

（四）培养自觉的纪律

所谓自觉的纪律，是指学生将外在的纪律要求转化为自我品格修养的内在要求和自觉行动。班级自觉纪律形成的过程，也正是班集体形成的过程，因此培养自觉纪律是组织和建设班级的保证。

在对学生进行自觉纪律的培养之前，辅导员应该对纪律有正确的认识。首先，真正的纪律应该是不需要监督的自觉的纪律。自觉纪律的形成必然要依靠良好的教师集体和组织完善、统一的学生集体。自觉纪律表现为一个人独处时也应当知道应该有怎样的行动。其次，纪律是教育的结果。学生养成纪律的过程实际上是与不良行为做斗争的过程。辅导员在工作实践中往往把纪律当作消极的限制和束缚，这是一种不正确的认识。正如教育家马卡连柯所说，纪律是集体的面貌、集体的声音、集体的美妙、集体的活动、集体的姿态和集体的信念。最后，培养自觉纪律的方式应该是要尽量多地要求一个人，也要尽可能地尊重一个人。

（五）开展班级创新活动

组织富有教育意义的活动是对全班学生进行生动活泼的思想政治教育的最佳形式，是组织和培养良好班集体的必要手段。

受教育者总是在各种活动中受到影响，只有活动才能使学生、教师、环境互相影响、互相作用，也只有活动才能使社会生活准则、道德规范内化为学生的个性品质。

活动有两种不同的含义。广义的活动包括学习、文体、劳动、科技、社交等，学习活动是学生的主要活动；狭义的活动指根据班级目标和学生实际开展的有计划、有组织的班集体活动，如主题班会、参观访问、公益劳动、旅游等，这类班级活动具有独创性、新颖性，并且有良好的教育效果。

1．班级创新活动的意义

班级创新活动应该成为班主任、辅导员教育学生的有效形式和学生进行自我教育的重要途径，是班集体生活中不可缺少的组成部分。

2．班级创新活动的含义

（1）新颖性和独创性是班级创新活动的重要特征。学生通过班级组织的创新活动，可以培养奋发向上、团结友爱、朝气蓬勃、积极创造和开拓进取的精神。因此，创新活动也可称作创造实践活动。创造实践活动必须从学生的实际出发，力求创新，讲究实效。创新活动重在创新，它的含义包括形式新颖，富有新意，具有鲜明的时代气息。着眼未来，具有时代气息和开拓精神，是创新活动的指导思想。新颖的活动形式给学生带来新鲜感，能使学生产生积极参与的意愿，使他们的人生价值得到实现，树立远大的抱负和崇高的理想，用积极向前的进取精神去思考未来、想象未来，为未来更美好的生活而努力奋斗。

（2）主题鲜明，针对性强，具有丰富的教育内容。要提出吸引人的，并且是大多数学生乐于探讨的新颖主题，激起受教育者的共鸣，使学生的思想和行为受到强烈影响，在思想政治教育上具有一定的广度和深度。

（3）寓教于乐，生动活泼，为学生所喜闻乐见。要从学生的心理与生理特点出发，设计出各种能引起学生广泛兴趣的新颖、别致的活动。创设独特的教育情境，给学生以审美教育和美的享受，满足学生求新、求美、求乐、求异、探索未来的心理需要。

（4）效果明显，讲究实际，符合学生思想道德教育规律。活动应注重启发受教育者的自觉性、积极性，强调知行统一的教育效果。活动的内容不能假、大、空，活动的形式也不能单调呆板，而应充分体现学生品德形成的规律，促进受教育者的自我教育。

3．班级创新活动的方法

班集体应该有各种各样的活动，班级活动是班级教育的载体。班主任、辅导员要发动学生与教师一起为集体设计各项有意义的活动，这对于巩固和发展班集体、融洽师生感情、锻炼学生都是有益的。

要组织班级的创新活动，班主任、辅导员首先应该有创新的思路；其次要不断学习，不断接受新思想、树立新观念；最后要不断了解新形势，开辟新思路，探索新方法，提出新课题。总之，创造性地运用新的教育思想和教育规律是班主任、辅导员组织班级创新活动的最根本方法。

（1）抓住教育契机，使学生产生对活动的兴趣。注意观察学生对一些事物的兴趣，抓住机会，将有意义的活动设想巧妙地暗示给学生，引起学生对活动的兴趣。学生有了兴趣，就有了参与活动的积极性，这样活动就成功了一半。

（2）寻找情感共鸣点，使活动产生动情效应。班主任、辅导员可以及时提出能引起学生情感共鸣的问题，巧妙地设置教育情境，使学生身临其境，在活动中思考，得到较深刻的思想道德情感体验，从而引起认识、情感和意志行为的较大变化。

（3）抓住基本教育点，使活动产生引导效果。每次的班级活动都应有明确的教育目的，通过学生喜闻乐见的活动形式，潜移默化地进行思想政治、道德品质和文明行为习惯的教育，促使学生树立正确的世界观、人生观、价值观和坚定的政治信念。

（4）选准突破口，使活动产生教育效应。教师可以把与学生思想生活联系最密切的内容作为活动主题，形成突破口，然后在活动中由浅入深，层层深化教育作用。

（5）发挥创造性，使活动产生创造效应。班主任、辅导员在设计班级创新活动时，要重视学生创造性思维的发挥；要在确定活动主题时，启发学生自己理顺思路；在组织活动时，引导学生运用创造性思维的方法。

（6）符合不同年级、不同专业的特点，体现活动的针对性。不同年级、不同专业的学生有着不同的特点，也有着不同的认知程度和不同的兴趣爱好。班主任、辅导员在组织创新活动时，必须考虑这些特点，注意活动的适应性。

（六）班主任、辅导员在班级建设中的作用

1．多指导

班主任、辅导员应处处事事都做学生生活的指导教师，给学生讲道理、讲方法，帮助学生提高认识，教会学生良好的学习、工作、生活方法。

2．勤谈话

师生之间、学生之间开展多种形式的交流谈心活动。关心每一名学生的成长，建立学生成长档案。

3．详细记录

要让学生记日记、周记和班级日记，进行自我教育。班主任、辅导员要记录学生平时的行为和表现，并认真分析；谈话和讲话前都要认真思考一下，写一个提纲；每一个阶段、每一项事情、每一个活动都要写计划和总结。

4．敢树立

一是树立正气，压制邪气，既不能把违纪的学生"一棍子打死"，也不能放纵学生犯错误；二是树立信心，鼓励学生积极参加各种活动，勇于克服自己的不足，敢于面对各种挫折，提高自信心；三是树立榜样，让学生学有楷模。

5．及时奖励

要广泛宣传院、系对优秀学生的奖励政策，积极制定本班的各种奖励措施，鼓励学生争当先进。搞好综合素质测评，慎重处理违纪学生。认真做好学期末、学年末的各项评比工作，除院、系设立的各种评比项目外，班内可根据实际设立更多的评比项目，对每一名学生的每一方面成绩都进行表扬和奖励。表扬、批评、奖励、处分都要及时。

6．培养骨干

骨干力量包括学生干部、入党积极分子和党员、有特长的学生、学习优秀生等，他们是班主任、辅导员的得力助手。对骨干分子要善于发现、使用和培养。

7．积极开展活动

活动是教育的载体，要让学生人人有事做，时时有事做，凡事认真

做，做一些有意义的事情。经常开展一些有意义的活动让学生参与，在活动中提高要求，培养学生的自信心、责任心和实践能力。

第二节　学生学风建设管理

学校就是一个大熔炉，学校不仅是学习科学文化知识的园地，更是学生塑造自我、全面造就高素质的熔炉。学生在学习生活中时时刻刻都受学风影响。学风对学生影响之大，即使毕业后，其思想、道德、作风、纪律观念、文化素养等方面也要受到它的感染，身上留着深深的烙印。学风是衡量高校办学水平的一个重要标志，更是一所学校的品牌形象。

一、学风建设的概念与意义

（一）学风建设的概念

学风建设就是采取有效措施，使学生明确学习目的，激发学生的学习动力，充分调动学生的学习主动性和积极性，帮助学生形成崇真务实、勤奋进取的优良学风。加强学风建设的目的就是使学生重新回归学习本身，就是要旗帜鲜明地强调本职学习的重要性，在学风建设问题上树立以学习为中心的地位。学生活动和学生工作，其目的和宗旨、内容和步骤，都要围绕学生学业的进步、水平的提高来展开。

（二）学风建设的重要意义

学风建设是学校建设的一项重要任务，具有极其重要的意义。

1. 学风建设是学生学习科学文化知识的需要

学生的天职是学习。学生要"以学为主，兼学别样"。学习是每一个学生的天职，青年上大学的主要目的就是学习科学文化知识，国家投入巨资办大学的一个最主要的目的也是使学生掌握科学文化知识。知识是青年成才的基础，古今中外凡是取得伟大成就的学者、科学家、文学家、艺术家，无一不是具有宽厚扎实知识的人。学生只有掌握丰富的知识，才能有所发现、有所创造，才能成为一个对国家、对人民有用的人，才能实现自身的人生价值。

作为一名大学生，自觉养成良好的学风，无论是对当前的学习，还是对今后的成长，都是至关重要的。当今学生毕业后能否顺利就业，能否在激烈的竞争中占据主动，关键要看是否真正掌握了现代科学知识及是否具有实践能力。

学生在学校主要应获得两方面知识：一是前人留下的书本知识，这是掌握现代科学知识的钥匙；二是实践能力，书本知识可以从课堂教学和图书馆查阅资料中获得，而课堂仍然是当今大学生获得书本知识的主要途径，实践能力的提高可以从实验室教学和大学生科技实践活动中获得。所有这些都离不开良好的教学与实践的环境、学生自主学习的风气。一所学校的教学质量、学习风气和科技实践活动的氛围正是这所学校学风的主要表现。所以只有加强学风建设，才能很好地完成人类知识的传递，才能实现学生"智育"的发展。

2. 学风建设是提高学生综合素质的必要保证

21世纪国家的竞争、民族的竞争归根结底是人才的竞争。21世纪的人才标准是其思想道德素质和科学文化素质，即是否道德文化双馨、德才兼备。《中国普通高等学校德育大纲》指出，高校培养出的学生的思想道德和科学文化素质如何，直接关系到21世纪中国的面貌，关系到我国社会主义现代化建设事业能否实现，关系到能否坚持党的基本路线一百年不动摇。

教育的四大支柱是学会认知，学会做事，学会做人，学会共处。其中三项都是做人的范畴，这标志着教育的认识回到了对人的培养上，通才教育、素质教育的核心在于教育引导青年学会做人。做人包含着学习的两方面要求。首先，要具有较高的思想道德水准和人生境界修养；其次，需要有为适应社会发展而必须掌握的科学文化知识，这是属于专业知识、技能范畴的素质。这二者都与学风密切相关，缺一不可。我国高校作为人才的摇篮，其根本任务是培养德、智、体、美、劳全面发展的社会主义事业的建设者和接班人。要完成这一艰巨的任务，加强学风建设，在学生中形成严谨、求实、勤奋、创新的优良学风，是必不可少的条件。"严谨"即严密谨慎、严格细致，指求学、办事的风格；"求实"即讲求实际，学习、工作、为人要实事求是，不能弄虚作假；"勤奋"即不懈地努力，指学习上专心、刻苦的精神；"创新"即创造新的，在学习方法、学术研究中要勇于创新。创新精神在知识爆炸的信息时代尤显重要。加强学风建设直接影响学生的科学文化素质和思想道德素质，影响学生的创新能力、实践能力、竞争意识，并且影响学校所培养的人才质量。因此，优良的学风是提高学生综合素质的必要保证，加强新时期高校学风建设是一项具有战略意义的人才工程。

二、当前学风状况分析

（一）大学生学风存在的问题

一些大学生缺乏明确的学习目的，不知为何而学，不知为谁而学，没有确立远大的奋斗目标，没有为国家、为社会做贡献的崇高理想，甚至连自我人生设计、今后如何实现自己的人生价值都没有想过。

另外，同专业、同班的学生学习差别明显，这一现象普遍存在于各高校中。就一般大学而言，学生基本分为三部分。好的学生具有远大的抱负，学习态度端正，学习成绩优良，连年获得奖学金。中间的学生虽然学习目的不是很明确，可他们知道为自己的将来、为父母的期望而学，虽然偶尔偷点懒，但关键时刻还是可以下苦功。差的学生是学校挽救的对象，教育好可以顺利完成学业，甚至还可以加入好的群体，否则将被淘汰。

不同专业学生的学习风气也不尽相同。热门专业、就业形势好的专业，学生学习的热情高，学风状况较好。反之，就业形势不好的专业，学生不能正确认识和对待所学专业，所以学习不安心，成绩不理想，出现厌学现象。要解决这些问题，需要分析出现这些状况的原因。

（二）大学生产生学风问题的原因

1．社会方面

随着社会主义市场经济体制的发展，人们的日常经济生活和政治生活都发生了巨大的变化。这些改变也体现在大学生身上，使他们的思想意识、价值观和道德取向悄然发生改变。不可否认，有些新观念对大学生的思想起到积极作用，如知识观念、竞争意识等。但对于错误的观念，大学生不能有正确的理解，使这些观念对他们的思想意识产生了消极的影响。

另外，近年来随着大学毕业生的增加，他们面临的就业压力越来越大。一些企事业单位在用人时过分强调动手能力，使学生产生轻书本重实践、轻学术重实用的倾向，于是在学习中失去了方向。

社会、家长对学生的过分袒护影响学风。大学生越来越成为社会关注的对象，学生中的一切问题都引起方方面面的极大重视，这种情况在十几年前是极少见的。社会能够关注学校是好事，但是由于他们对学校的制度不了解，有时起到反作用。

2. 学校方面

（1）缺乏行之有效的措施。许多高校都认识到学风建设的重要性，但是缺乏有效的措施，很多做法都流于形式。

（2）奖惩制度不健全影响良好学风的建立。虽然许多学校都有对缺课、旷课学生的纪律处罚措施，但不利于操作，落实难。一旦对违纪学生处理不及时、不严格，就会滋长学生的不良风气。另外，学校的管理规定中，过分强调惩罚，翻开每个学校的学生手册，都详细制定了对学生违纪行为的处罚措施，而对学习态度端正、学习成绩优良的个人和集体的奖励制度却很少，缺乏有效的激励机制。

（3）学校各部门间缺少协调配合，特别是教学主管部门和学生管理部门。通常是教学部门只注重教材和教师的备课、上课；学生管理部门只注重学校的安全与稳定、大型活动、学生的奖励与处分等。各部门缺少沟通与配合，会造成对学生了解不深，无法有效管理学生。

（4）有些辅导员对学风建设工作精力投入不够。他们整天忙于事务性工作，缺少对学生深入细致的思想教育及学习目标的培养，无法准确掌握学生学习情况的第一手资料，不能有针对性地解决学生在学习方面的问题。

现在各高校的辅导员大多是由应届毕业的本科生和研究生选聘的，

工作时间长的一般也只有三四年。二十多岁的青年，人生阅历还不丰富，还很难对学生的成才进行全面的引导。因此，他们从学生到教师的角色转换需要一个过程，工作能力和经验的提高也需要时间。

总的来说，各高校选聘的辅导员都是同龄人中的佼佼者，综合素质都较高。但是有个别辅导员素质不高，在学生中影响极坏，严重挫伤了学生学习积极性。

（5）教师的师德、教学水平影响学风。如今一些教师不注重课堂的组织和学生是否接受，仍然按照过去的模式，只求课程的进度。因此，课堂教学缺乏吸引力，不能充分调动学生学习兴趣。

3. 学生自身方面

影响大学生学习风气的因素虽然有社会的和学校的，但那些都是外因。外因虽重要，但必须通过内因才能起作用。而内因就是学生自身方面的因素，这才是起决定作用的。当今大学生身上存在着积极的东西，比如思想活跃、容易接受新事物、有强烈的竞争意识和创新精神等，但他们身上也有许多消极的因素，比如缺乏吃苦耐劳精神、好高骛远等，这些消极因素是学风不佳的根本原因。

（1）没有奋斗目标。不少学生在上大学之前，家长和教师给他们灌输的唯一的奋斗目标很明确，那就是考大学。他们没有认识到进入大学只是人生转折的一个关键点，而不是终点，人生的"万里长征"只走完了第一步。

（2）不能尽快适应新环境。现在的大学生生活自理能力和心理自制能力较差。而大学教学的进度快、知识容量大，自己支配的时间多，学习靠自觉，不像以前有教师、家长天天在身边督促。面对这样的环境，有些学生不适应，不能从放松的心理状态下及时紧张起来，不能从旧的学习方式中摆脱出来。同时大学中存在着竞争压力、人际压力甚至经济压力，这些都是学生们以前没有遇到过的。一下子要应对那么多新问题，使得他们心理负荷过重，遇到挫折时容易自暴自弃。

（3）理想与现实的矛盾。这种矛盾主要表现为三个方面：一是没能考入理想的学校或理想的专业；二是梦想中的大学与现实差距较大；三是在社会上大学生的头衔与实际地位反差大。许多高校每年都会遇到这样的学生：高中时学习成绩很好，但高考分数不高，未能进入理想中的大学，无奈选择了现在的学校，觉得前途黯淡，失去了学习信心；许多学生由于专业选择上的限制，往往学非所愿、学非所长，学习动力严重不足。

总之，现在高校学生的学风状况存在许多问题的原因，主要在于学生本身，在于他们的思想、心理、品格等。因此，在研究和进行学风建设时，必须从学生入手，重点解决他们的思想、心理问题。

三、学生学风建设机制创新分析

大部分高校在抓学风建设这个问题上，对学生工作过分强调抓纪律、严管理。各学校对于违纪学生处分的规定很多、很细，而从正面引导、奖励的办法却寥寥无几，基本是"三好学生""先进班级"等几项荣誉。严格管理并没有错，但身边都是"反面教材"，缺少学习榜样，会导致大学生上进心不足。所以应该加强"鼓励"教育，多鼓励、多表扬，这样教育者与被教育者才能求得相互的认同，教育才能被接受，否则必定产生逆反心理，两者出现对立，导致教育的失败。

学校应通过制定和实施"创建优良学风评选奖励办法""学生奖励办法"和"班级建设暂行规定"等创新方法，搭建学风建设平台，营造一个"比学习、争先进"的良好氛围，从而推动学校的学风建设。

学风建设是高等学校工作的重要内容。学风建设工作主要体现在"教"与"学"两个方面。充分调动学生对学习的积极性和主动性，是解决"学"的关键。学校可以通过以强化班级建设为基础、创新管理制度为手段，建立大学生学风建设的新机制。该机制是以学生为中心，以班级建设为重点的学风建设工作体系。该体系以班级建设为组织保证，以各种激励办法和强化管理为制度保证，搭建若干活动平台作为各种教育活动的载体，解决长期困扰高校学风建设"抓什么""如何抓"的问题。抓班级建设，抓目标，抓组织与制度、抓过程、抓先进典型的树立。

(一) 搭建学风建设活动平台

各高校都开展了各种形式的学风建设活动,但是这些活动大多缺乏长期性、连贯性、科学性和系统性,没有长期计划和目标,没有深入和递进。搭建若干个长期的、相对固定的活动平台,为全面开展班级建设提供活动载体,这是学风建设新机制的重要内容。为此,可以搭建三个大型平台,那就是在全校范围内大力开展创建先进班集体活动、21 世纪大学生文明修身工程活动、创建优良学风班活动。这三个平台的设计有层次、有侧重。先进班级与文明修身先进集体标准相对低,优良学风班标准高;先进班级侧重基础建设,文明修身侧重思想道德建设,而优良学风班不仅二者兼而有之,而且对学习成绩要求较高。

1. 创建先进班集体活动

在全面实施《学生班级建设规定》的基础上,开展创建校、院先进班集体活动。这项活动中合格班级(基本符合班级建设规定)建设是基础,是最起码的要求,先进班级(完全符合班级建设规定)建设是目标。应在较短的时间内使所有的班级达到合格班级的条件,在此基础上逐步建设大批先进班级。

2. 开展 21 世纪大学生文明修身工程活动

文明修身工程是加强大学生学风建设的重要措施之一。制定文明修身工程实施方案,号召班级和个人投身文明修身工程活动,争创文明修身先进集体和先进个人。例如,在大学四个年级分别设定专题进行相对固定的文明修身工程活动。一年级进行"基础文明教育",二年级进行"诚实守信教育",三年级进行"团结协作教育",四年级进行"理想信念教育"。这样每一个学生在大学四年的时间里就会经历四个专题的教育活动,从而达到提高修养、完善自我的目的。

3. 创建优良学风班活动

在学风建设的机制中,班级建设的最终目的就是建设优良学风班。制定创建优良学风评选奖励办法,高标准、严要求,将班级打造成学习风气浓厚、学习成绩优良、文明守纪、诚实守信的坚强战斗集体;高荣誉、重奖励,调动学生积极性,全员参加优良学风班的创建。通过长期的创建活动，如果学校的所有班级都能达到优良学风班的标准，就真正解决了学生"学"的问题，实现了学风根本的好转。

4．新机制对这三项活动的全程控制

各班级学年初要提出参加创建活动申请，制定目标、创建计划和措施；建设过程中启动过程控制体系进行监控，各组织机构行使职责，随时掌握活动的进展状况，及时解决发现的各种问题，学年末启动评估奖励程序，按照班级建设评估体系、文明修身工程活动方案和创建优良学风评选奖励办法对各班级进行评估打分，按照学生奖励办法对成绩突出的班级和个人进行表彰奖励；各级组织机构总结经验，修订目标，制订下年度计划，开始新一轮循环。

（二）辅导员、班导师在班级建设中的作用

班级实行辅导员和班导师负责制。辅导员和班导师全面负责学生班级工作，是学生班集体的教育者、组织者和指导者，在班级建设中处于核心地位。辅导员和班导师在班级建设中的作用相同，但工作的重点不同。

辅导员要以班级为基础，以学生为主体，发挥班集体在思想政治教育中的组织力量，搞好班级的班风、学风建设，带领学生积极参加优良学风创建活动。因此，辅导员应该是学生思想、品德的教育者，班级的管理者，班级建设计划的制定者，班委会、团支部工作的指导者，班干部、入党积极分子的培养者，班级开展各项健康有益活动的组织者，学校各项规章制度的落实者。

班导师除了要一定程度发挥上述作用外，重点是学生学习和成长的指导者。班导师的主要作用应该是帮助学生端正学习态度，明确学习目的，制订学习计划，改进学习方法，提高学习效率；指导学生开展科技创新活动，培养学生独立思考和创新能力；指导学生制订、调整成长计划，做好职业生涯规划。

总之，辅导员和班导师都是班级建设的第一责任人，是学生的人生导师和健康成长的知心朋友。

第五章　学生事务管理与危机应对

第一节　学生事务管理

学生常规管理主要是指学生纪律管理、日常行为规范管理等。大学的学生常规管理以学生自我管理为主，但辅导员担负着加强学生常规管理和指导学生做好自我管理的重任。学生奖惩是学生管理的重要内容和措施。

一、学生日常事务管理的方法

（一）实行协议管理

所谓协议管理，是指依据国家有关法律法规和相关规定，就学校的权利和义务、学生的权利和义务、家长的权利和义务以及承担的责任等作出具体规定，校方、学生本人、家长共同签订协议书，相关事情按协议书的规定处理。实行协议管理制度，是依法管理、规范各方行为、明确责任的具体措施，是促进学生自我教育、自我管理、自我服务的重要手段，教育管理效果非常明显。

根据协议管理的思路，在学生管理中，任何管理内容都要明确各方权利、义务、责任、要求和奖惩，并要得到管理各方的认可，在处理相关事宜时依据协议进行处理。协议管理是大学依法管理的有效手段。

（二）建立学生自我管理组织

为适应高校学生常规管理的需要，可以设立学生自我管理委员会，下设若干学生常规管理检查部。学生自我管理委员会的职责如下所述：

1. 在学生工作处的指导下，参与学生常规管理，开展学生思想教育，完成学校安排的各项工作任务，促进学生全面发展，促进良好学风、校风的形成。

2. 协助学生工作处做好各系学生常规管理的监督、检查、考核工作，积极开展自我教育、自我管理、自我服务活动，自觉执行学校各项规章制度，维护学校学习、生活、工作、活动秩序，使学生养成良好的行为习惯。

3. 根据学校安排，协助学校做好学生大型活动的组织工作。

4. 及时向有关部门反映学生情况，维护学生权益，协助学校解决学生中的实际问题。

5. 及时向各系通报本系学生的有关情况，协助各系做好学生常规管理工作。

二、学生日常事务管理的标准与要求

（一）校园秩序管理规定

1. 出入学校要佩戴胸卡或携带学生证等相关证件，未佩戴胸卡或携带相关证件者，应向门卫登记。不准转借、冒用、伪造各种证件。

2. 不私自接受新闻记者的采访。向新闻媒体报道本系信息，须经本系领导审查同意，并报学校宣传部门同意；向新闻媒体报道学校信息，须经学校宣传部门审查同意。

3. 不私自邀请校外人员来校参加教育教学活动。邀请校外人员来校参加教育教学活动，须按国家和学校有关规定办理手续。

4. 一般不得在学生宿舍留宿校外人员。有特殊情况留宿校外的人员，应报请学校保卫部门和公寓管理部门许可，并且进行留宿登记，留宿人离校应注销登记。不得在学生宿舍内留宿异性，不晚归，不封楼后私自外出或彻夜不归。

5. 告示、通知、启事、广告等应张贴在学校指定或者许可的地点。散发宣传品、印刷品应经过学校有关机构审查同意。对于张贴、散发反对我国宪法确立的根本制度、损害国家利益或者侮辱诽谤他人的公开张贴物、宣传品和印刷品的当事者，由司法机关依法追究其法律责任。

6. 不私自在校园设置临时或者永久建筑物以及安装音响、广播、电视设施等。禁止任何组织或者个人擅自使用学校广播、电视设施。禁止学生在校内私自组织放映活动，学生有关组织确需开展类似活动的，必须写出请示，经有关部门审查同意后进行。在校内举行文化娱乐活动，不得干扰学校的教育教学和学习生活秩序。

7. 在校内从事集会、讲演等公共活动和讲座、报告等室内活动，组织者必须在72小时前向学校有关机构提出申请，申请中应说明活动的目的、内容、人数、时间、地点、报告人和负责人的姓名，学校许可后方可组织。集会、演讲、讲座、报告等应符合我国的教育方针和相应的法律法规，不得反对我国宪法确立的根本制度，不得干扰学校的教育教学和学习、生活秩序，不得损害国家财产和其他公民的权利。

8. 严格按照学校的安排进行活动，不得破坏学校教育教学和学习生活秩序，不得阻止他人根据学校的安排进行教育教学活动和其他活动。

9. 组织社会团体，应按照《社会团体登记管理条例》的规定办理。建立学生社团组织，应按照学校学生社团组织管理条例的规定办理。成立校内非社会团体的组织，应在成立前由其组织者报请学校有关机构批准，未经批准不得成立和开展活动。校内非社会团体的组织和校内报刊必须遵守法律法规和规章，贯彻我国的教育方针，遵守学校的制度，接受学校的管理，不得进行超出其宗旨的活动。不准擅自以学校及各级组织的名义组织或参与各类活动。不得组织同乡会等组织。

10. 禁止无证人员在校园内经商，设在校园内的商业网点必须在指定地点经营。

11．严禁携带以下刀具进入校园：①管制刀具，如匕首、三棱刀（包括机械加工用的三棱刮刀），带有自锁装置的弹簧刀（跳刀）以及其他类似的单刃、双刃、三棱尖刀，无弹簧但有自锁装置的单刃、双刃刀和形似匕首但长度超过匕首的单刃、双刃刀等；②其他各类非学习所需刀具，如水果刀、工艺刀具等能够对人身造成伤害的刀具。寄宿制学生使用的水果刀不得带出宿舍生活区。不准私藏棍棒之类的东西。

12．举止文明，行为规范。不在校园内追逐打闹，不在校园内快速骑自行车（摩托车、电动车）。男女交往不得有不文明行为。

13．禁止赌博、酗酒、打架斗殴以及其他干扰学校的教育教学、科研和学习、生活秩序的行为。

14．不准观看、传播、复制、贩卖黄色淫秽书刊、音像制品、信息等，不登录不健康网站，不到歌舞厅、酒店等陪舞、陪酒、陪歌。

15．不随地吐痰，不乱扔纸屑果皮，不乱倒污物、污水，确保环境卫生。

16．爱护花草树木和公共财物，损坏公物要赔偿。

17．校园"十无"要求：墙壁无脚印等污损现象，地上无乱扔杂物和吐痰现象，课桌椅上无乱刻画现象，用电用水无浪费现象，公共场所无吸烟现象，购物用餐无插队现象，校园无打架和酗酒现象，男女交往无不文明现象，公共财物无损坏现象，宿舍就寝无喧哗现象。

（二）学生集会管理规定

1．与会者要遵守会议纪律，服从管理，举止文明，穿戴整齐。

2．与会者要坐姿端正，面朝前方，认真听讲，不鼓倒掌。

3．与会者不带、不看报刊书籍，不打电话，不戴耳机，不交头接耳，不睡觉，不嗑瓜子，不剪指甲，不做与会议无关的各种事。

4．与会者不迟到，不早退，不随便出入，不旷会。

（三）学生早操管理规定

1．各系负责本系各班早操的组织、考勤工作。各班学生要按时上早操，在规定地点集合点名后，再在规定场所上操。集合要做到快、静、齐。

2. 无故不得缺勤，请假以辅导员、班主任开具的证明为准。病假须有校医务室证明。

3. 见习生必须有辅导员、班主任开具的证明，并到上操场地集合见习。

4. 上操必须队列整齐，步调一致，服从指挥。

5. 学校早操检查组对学生早操情况进行检查，及时通报。

(四) 学生就餐秩序管理规定

1. 学生按照规定时间到餐厅就餐，购买饭菜按先后顺序排队，并服从餐厅管理人员的管理。

2. 文明就餐。一人一椅，禁止喧哗、起哄、敲击桌椅及餐具。

3. 勤俭节约，购买饭菜要适量，杜绝浪费。剩菜、剩饭要在规定地点倒入垃圾桶，不准将剩菜、剩饭直接倒入洗碗池。

4. 爱护就餐用具，吃完饭后将餐具放在指定位置，不准带出餐厅。

(五) 学生证和胸卡管理规定

1. 新生入学复查合格取得学籍后，方可发给学生证和胸卡。

2. 学生在校期间必须佩戴胸卡。学生证中"乘车（火车）区间到达站"是指学生家庭所在地，必须如实填写。因家庭地址变动需要更改学生证者，应出示父母所在单位证明及当地派出所证明。对不如实填写或擅自涂改学生证者，一经发现，给予批评教育，情节严重者，进行严肃处理。

3. 学生每学期报到注册时，由本人持学生证到所在系办公室和学校教务处办理注册手续。未办理注册手续的学生证无效。

4. 学生证、胸卡应妥善保存好，不能污损，不能转借他人使用。如有丢失，应尽力查找；确实无法找回，经本人申请，给予补办。

5. 学生毕业或因转学、退学、被开除学籍、休学等原因离校时，应将学生证、胸卡交回学校，否则不予办理离校手续。

6. 学生证和胸卡由教务处和学生工作处指定专人具体负责，其他人员无权办理。

三、学生评优、评奖与违纪处理

（一）学生评优、评奖

1. 优秀学生（三好学生）评选条件

（1）思想品德好。坚持四项基本原则，拥护党的路线、方针、政策，与党中央保持一致；努力学习马克思列宁主义、毛泽东思想、邓小平理论和习近平新时代中国特色社会主义思想；思想进步，作风正派，关心集体，爱护公物，团结同学，尊敬师长，热爱劳动，艰苦奋斗；遵守社会公德，文明礼貌，遵纪守法，操行优秀。

（2）学习好。学习目的明确，态度端正，成绩优秀，无不及格学科。

（3）身体好。积极参加体育锻炼，认真上好"两操一课"，体育成绩优秀，讲究卫生，身心健康。

（4）工作好。热心社会工作，积极参加集体活动；在学生工作中起到了良好的组织和带头作用，群众威信高。

以上各方面以综合素质测评成绩为主要参考指标。

2. 优秀学生干部评选条件

（1）坚持四项基本原则，自觉与党中央保持一致，思想进步，作风正派，遵纪守法，顾全大局，尊敬师长，团结同学，在各项工作中模范带头作用发挥得好，有较高的群众威信，操行优秀。

（2）学习目的明确，态度端正，成绩优良。

（3）热心学生工作，全心全意为同学服务，工作积极，有主动性、创造性，认真负责，公正无私，任劳任怨，具有一定的组织和领导能力，对本职工作完成得好，并有突出成绩。

3. 优秀毕业生评选条件

（1）热爱祖国，拥护中国共产党的领导和社会主义制度，拥护改革开放的方针政策，在政治上、思想上和行动上同党中央保持一致。

（2）遵守国家法律和校纪校规，有良好的思想品德修养，在校期间未受过任何纪律处分。

（3）学习成绩突出，无不及格现象，获得职业资格证书、计算机等级证书和英语等级证书，在历年思想品德评定和综合素质测评中成绩优秀。

（4）尊敬师长，团结同学，热心各种公益活动，积极参加体育锻炼，身心健康，体育达标。

（5）参选省级优秀毕业生，还要有突出的获奖成果或公认的优秀论文、优秀科研成果，在重大活动中为学校争得荣誉或自愿到艰苦、边远地区工作。

4．先进班集体评选条件

思想政治工作好，班风班纪好，干部带头作用好，专业学习成绩好，文明礼貌好，遵纪守法好，文体活动开展得好，各项工作成绩突出。

5．学生评优、评奖基本要求

院级先进个人的评选，先向全体学生公布评选条件、评选比例和评选办法，然后召开班会等学生会议进行宣传教育，在个人申请、公开每个人的实际情况的基础上，通过班级民主评议、填写登记审批表、系审核公示推荐、学校相关部门审查公示，报校党委或校行政审批，学校行文公布，并召开表彰大会表彰。院级先进集体的评选，参照以上办法执行。院级以上先进个人、先进集体的评选，由学院报院级以上相关部门审批、公布。

学生获优或获奖，应颁发荣誉证书或奖状，登记审批表存档备案，并作为发展党员、就业推荐等方面的重要依据。

开展学生评优、评奖工作，要坚持原则、标准和程序，坚持民主集中制，坚持公平、公正、公开，把评优、评奖过程当成一种教育过程，达到树立榜样、激励先进、鞭策落后的目的，形成比、学、赶、帮、超的良好局面，促进良好学风、校风的形成和巩固。

（二）学生违纪处理

1. 违纪处理的种类和违纪行为

对违纪学生的处理分为口头批评教育、书面通报批评、团纪处分、行政处分四种。对于不执行团组织的决议、违反团章的团员，团组织应当本着惩前毖后、治病救人的精神进行批评和帮助，情节严重的，给予纪律处分。处分分为警告、严重警告、撤销团内职务、留团察看、开除团籍五档。

有下列行为之一者，视其情节轻重和认识态度给予行政处分：违反宪法，反对四项基本原则，破坏安定团结，扰乱社会秩序者；破坏民族团结、引起民族纠纷，经教育坚持不改者；扰乱正常的教育教学秩序和公共秩序、破坏学校稳定者；违犯国家法律法规者；泄露党和国家机密者；盗窃、诈骗、损坏、强行索取公私财物者；赌博者；打架、斗殴者；对教师、职工及其他公务人员有无礼行为者；生活作风越轨者；非法买卖、保存及使用管制刀具者；旷课者；考试违纪、作弊及扰乱考试秩序者；酗酒滋事者；非法经商者；未经学校允许，违反作息规定，夜间晚归或夜不归宿者；利用计算机等技术手段违纪者；剽窃、抄袭他人研究成果者；违纪后认错态度不好者；对检举人、证人进行威胁或打击报复者；有意包庇其他违纪行为者；屡次违纪不改者等。行政处分分为警告、严重警告、记过、留校察看、开除学籍五档。

2. 违纪处理的原则

（1）坚持以人为本、依法治校的原则

学生违纪处理是一项政策性、原则性很强的工作。要严格依据国家的法律法规，严格执行教育部《普通高等学校学生管理规定》，并制定具体的实施办法，即学生违纪处理办法和学生申诉处理办法。这两个办法在制定过程中，要广泛征求学校各部门、学生管理工作者及广大学生的意见，还要征求有关法律专业人士的意见，使以上规定既具有政策性，又具有可操作性，具有较强的规范性。

（2）坚持深入教育、积极防范的原则

对学生的事前教育比事后处罚更加重要，因此要非常重视对学生进行反复、系统、全面、细致的纪律教育。新生入学时应人手一本学生手册，学校与学生、家长签订管理协议书，组织学生管理制度考试，通过校会、系会、班会加强入学教育；在集中考试前、处分违纪学生时，都应召开学生纪律教育大会；处分公布后，与受处分学生集体谈话或个别谈心，并与家长、学生签订进步协议。这样既强化了处理力度，又强化了宣传力度，能有效提高处理效果。

（3）坚持轻罚初犯、严罚屡犯的原则

对于初次违纪的学生，要多帮助其深刻认识错误、制定改正措施，在此基础上从轻处理；而对于屡教不改、违纪严重、态度恶劣或与社会上不良势力有联系的学生，应从严依纪处理。特别是当学生涉嫌违法时，应及时报司法机关并对其予以出来。

（4）坚持重证轻言、依法依纪的原则

学生违纪处理工作是学校的常规工作，但涉及的都是受处分学生及受害学生的切身利益，有时一个开除学籍处分，就能够改变学生一生的命运，影响学生整个家庭的生活。因此，在违纪处理工作中，要坚持以铁的证据为依据，严格按照国家有关法律法规和学校纪律来进行。学生发生违纪事件时，应及时介入调查，掌握详细的第一手资料；材料应规范、全面，书面证言材料、照片资料和其他物证及时保全；处理证据应相互印证，无矛盾之处，若证人证言之中有不一致之处，应重新调查，无法统一时不能作为证据使用。学生旷课情况应以原始记录为准，时间、课程、地点、授课教师及考勤人员签字等记录内容应完善无误。对学生的处理较难把握时，应咨询法律方面的专业人员。坚决杜绝"说情风"，保证处理工作的严肃性和正确性。

（5）坚持程序严密、准确及时的原则

首先，学生发生违纪情况，由值班辅导员或班主任进行现场初步调查，形成第一手资料。对本系违纪学生进行详细调查，在研究后形成书面处理意见，报学校学生工作处，经审查复核后提交学校研究。跨系的学生违纪事件或重大违纪事件，应在做好现场应急处理工作的同时，迅速上报校系领导和学生工作主管部门，学校学生工作处应及时成立调查组参与调查①。凡是受到勒令退学、开除学籍处分的学生，在处分决定与本人见面之前，应将违纪事实认定情况向学生本人说明，并听取学生本人申辩，同时通知学生家长到校，由学生工作处、学生所在系、学校保卫等部门人员共同与学生本人和学生家长谈话，并尽量安排学生当日离校，以防止学生因情绪失控而自残、自杀、报复相关同学和教师、打砸公物等事件的发生。在学生违纪处理过程中，应尽量减少社会上人情关系对事件处理的影响。在被开除学籍的学生离校后，应及时召开一定范围的学生教育大会，对广大学生进行法律、纪律教育。

（6）坚持慎对申诉、认真复议的原则

学生对受到的处分进行申诉，是学生的一项基本权利。一方面，若学生对经过调查认定的违纪事实持有异议，则学校应安排对有关情况进行重新调查，弄清事实真相；另一方面，若学生对处分决定持有异议，可以书面提出申诉，学校学生申诉处理委员会应专门召开会议，予以研究。

（7）坚持帮教第一、处罚第二的原则

高等教育的主要目的是培养人才，学生违纪处罚的根本目的是教育学生、减少违纪，因此对违纪学生应始终坚持帮助和教育第一、处罚第二的原则。首先，在违纪事件调查过程中，应动之以情、晓之以理，做耐心细致的思想工作，通过调查摸清学生的思想动态，有针对性地做好工作，而不能采取高压措施。特别是对有心理障碍的学生，更不能操之过急。学生受处分之后，应采取有力措施帮助学生整改，如通过召开教育大会、个别谈话、请学生家长协助做工作、将违纪学生安排到有班干部和整体素质高的学生宿舍、组织帮教小组帮助其解决学习和生活困

① 杨玲. 新时期高校辅导员工作与队伍建设研究［M］. 沈阳：万卷出版有限公司，2023.

难、请心理健康教育专家进行心理辅导、学生定期思想汇报等形式，帮助学生树立改正错误的信心，成为品学兼优的学生。

（8）坚持全员参与、综合治理的原则

学生违纪是学校管理和教育工作存在问题的集中反映，是综合因素作用的结果，因此努力创造全员参与的工作格局，采取综合治理的有效措施，才能收到好的效果。第一，切实加强学生管理，规范校园秩序。特别是应落实辅导员进驻学生公寓的规定，加强学生宿舍管理；建立校园报警系统，完善应急处理机制。第二，加强校风和学风建设，创造良好的学生成长环境。第三，加强校园文化建设，搞好学生勤工助学中心、心理健康教育中心、大学生活动中心和校园网站建设，开展丰富多彩的校园文化活动和主题教育活动，用健康向上的活动吸引学生。第四，全方位提高学校的管理、服务和教学水平，实现教书育人、管理育人和服务育人的结合。

3. 违纪处理的基本要求

（1）《教育部普通高等学校学生管理规定》强调，学校对学生的处分，应当做到程序正当、证据充足、依据明确、定性准确、处分恰当，学校给予学生的纪律处分，应当与学生违法、违规、违纪行为的性质和过错的严重程度相适应。学校对学生做出的处分决定书应当包括处分和处分事实、理由及依据，并告知学生可以提出申诉及申诉的期限。

（2）对学生的违纪处分，一般是针对某一违纪事件的处分。若处分正确，不能解除；若处分不正确，应撤销。

（3）对学生的处分一般一事一议，不是同时发生的事件不累计，但再次违纪的，可在本次违纪应给予处分的基础上视其态度、性质考虑是否加重处分；同时发生的多种违纪事件不相加，但若同时犯有数错，可在数错中最重一级的基础上视其态度、性质考虑是否加重处分。屡次违反学校规定并受到纪律处分且经教育不改的，学校可以给予开除学籍处分。

第二节 校园危机事件应对

高校学生稳定是建立在大学生行为规范被广泛认同基础上的工作，是学习和生活的秩序化、可控的运行状态。在我国，高校应坚持育人为本、德育为先，使所培养的人才始终为社会主义经济、政治、文化和社会建设服务，这是高校的立校之本，也是高校学生稳定工作的本质要求。

一、大学生校园危机事件应对

维护高校学生稳定，首先要保持学生的思想稳定和政治局面的安定，其次要保持学生的情绪稳定和心态平衡，其基本的标志就是要保持高校规范有序的教学、科研秩序和安定可控的学习生活秩序。

（一）大学生校园危机事件应对的意义

高校因其特殊的敏感性，历来是社会稳定的晴雨表和风向标。从某种意义上说，高校学生的稳定就意味着社会的稳定。因为高校学生群体自组织化程度高，相互认同意识强，并具有联系的广泛性、利益诉求的公共性和利益表达的优势性，使其最易于得到广泛支持而成为影响稳定的强势群体。纵观近几十年来我国发生的涉及全社会的稳定事件，都有高校学生的参与或与高校学生有密切的关联。因此，做好高校学生稳定工作有着特别重要的意义。

1. 维护高校学生稳定是国家长治久安的客观需要

社会稳定则国家兴旺，社会动荡则国家衰亡，这是治乱兴衰的客观规律，也是古今中外治国安邦的历史经验。维护社会稳定不仅关系到人民群众的安居乐业，而且关系到国家的长治久安。因此，党和政府历来高度重视稳定工作。不安定就不可能从事社会主义建设，一切都谈不上。

2. 维护高校学生稳定是建设和谐社会的必然要求

高等教育作为教育事业的龙头，具有高层位、创新性和直接服务于社会的特点，在培养造就一大批拔尖创新人才和数以千万计的高级专门人才、传承科学文化并促进社会文明进步、推动知识创新及促进科技成果向现实生产力转化等方面负有极为重要的历史使命。高校的作用及其在国家、社会发展建设中所处的重要地位，在客观上要求必须维护高校学生的稳定。高校学生的稳定关系到校园的和谐，也会影响社会的和谐。没有稳定，不仅不能达到校园和谐，而且可能冲击社会和谐。现今的高校与社会联系越来越紧密，广大学生联系着千家万户，众多的毕业生也会走向各行各业。在某种意义上看，不能维护高校学生的稳定，没有校园的和谐，就不可能有真正的社会和谐。唯有维护稳定，积极推进和谐校园建设，才能更好地发挥高校的特殊作用，为构建和谐社会这一长期历史任务提供人才保障和智力支持。

3. 维护高校学生稳定是学生成长成才的重要保障

我国高校的最基本职责之一就是育人，培养德、智、体、美、劳全面发展的社会主义合格建设者和可靠接班人。育人需要有一个稳定的环境和氛围，学生也需要一个良好的外部环境来学习知识和参与校园文化活动。调查表明，当代大学生普遍敏锐地关注社会的发展和社会问题以及个人在未来社会中的成长空间，价值取向更加理性和务实，人生观、价值观主流积极健康向上，务实进取，成才愿望日益强烈。满足广大学生渴望健康成长成才的这一良好愿望，就必须努力维护高校的稳定。高校稳定与否，直接关系到能否为在校大学生提供一个良好的接受教育的场所和环境。只有保持稳定，才能维护正常的教学秩序，保障教学工作有序进行，不断提高教育质量，培养高素质的人才；也只有保持稳定，才能维护安宁的校园环境和氛围，保障学生专心学习、积极实践，健康成长成才。

（二）预防和处置校园危机事件的对策

高校学生危机事件一般人员多、声势大、影响广，具有很大的危害性，而且一旦处置不当，很容易激化矛盾，造成连锁反应，酿成更为严重的破坏性后果。学生危机事件的危害程度，除了取决于危机事件本身的性质和影响范围外，还取决于高校管理者包括辅导员对危机事件是否有清醒的认识，是否采取了有效预防和正确应对的策略和方法。作为处于高校学生工作第一线的辅导员，必须十分明白预防和处置学生危机事件的基本原则、工作机制和主要方法，一旦发生学生危机事件，能够正确应对，做到快速反应、及时控制、有效处置。

1. 把握应对学生危机事件的基本原则

应对学生危机事件的基本原则是预防与处置事件过程中所依据的行为准则，直接作用于预防与处置工作的全过程，是制定工作方案及对策，处理危机事件所涉及的各种具体问题的基础。针对高校学生危机事件的成因及特点，预防和处置学生危机事件一般应遵循如下原则。

（1）预防为本，及时控制

坚持预防为本、及时控制的原则，就是要立足于防范，抓早、抓小，认真开展影响学生稳定因素的排查工作，强化信息的广泛收集和及时研判，提前做好处置危机事件的应急预案，做到"早发现、早报告、早控制、早解决"，力争把诱发学生危机事件的矛盾和问题解决在萌芽状态和初始阶段。如果发生学生危机事件，辅导员必须迅速赶赴现场，立即向相关领导报告情况，并积极组织内部防控网络，努力把学生危机事件控制在基层，控制在学校内部，为解决矛盾和问题赢得时机、创造条件，尽力避免造成局面失控和秩序混乱。

（2）积极疏导，快速化解

坚持积极疏导、快速化解的原则，就是要以人为本、尊重学生，快速理智地把握时机，及时开通和疏通学生的诉求渠道，用真情、真心和爱心去劝阻、制止和平息事态，努力做到"三可三不可"，防止"四个转化"，即面对既成的学生危机事件，要可散不可聚、可顺不可激、可解不可结，防止个性问题向共性问题转化、局部问题向全局性问题转化、经济问题向政治问题转化、非对抗性矛盾向对抗性矛盾转化。

要善于正视矛盾和问题，对学生的合理要求，要创造条件设法解决，积极消除那些容易激化矛盾的因素，使矛盾得以化解，而不能一概回避矛盾和问题，甚至"刺激"学生制造新的矛盾，引发新的事端。

（3）区别对待，依法处置

坚持区别对待、依法处置的原则，就是要在事件处置过程中，必须做到"三明了、两不可"，区分事件性质，把思想统一到学校甚至中央的安排部署上来，因案施策，合情合理、依法办事。

首先，要做到"三明了"：一是判明危机事件的性质，对不同性质或同一性质不同情况的危机事件要采取不同的处置方式；二是探明引发危机事件的矛盾症结，掌握其直接原因和主要问题，有针对性地采取解决问题的措施；三是查明引发或卷入危机事件的人员构成情况，对不同的人员要采取不同的处置策略。

其次，要做到"两不可"：一是不可惊慌失措、自乱方寸。处置学生群体性危机事件的过程，从某种角度看也是双方心理较量的过程。这就要求直接参与危机事件处置工作的人员应注意在心理上保持强势，而在行为上则要以"冷"对"热"、以"静"制"动"，保持镇定，切不可惊慌急躁、鲁莽蛮干；二是不可随意承诺、授人以柄。直接参与危机事件处置工作的人员在对抗双方正面交锋时，要注意保持思维的缜密、表达的准确、文辞的弹性，切不可信口开河、随意表态，否则被对方抓住把柄，横生枝节，又会酿成新的事端，甚至可能被对方强迫就范，违背有关法律和政策，造成事件难以处置。

（4）统一指挥，联动响应

坚持统一指挥、联动响应的原则，就是要建立健全预防和处置突发事件的组织机构、工作机制和应急预案，明确学校各部门、单位和人员的职责，设计预防和处置工作的预案，规定控制和平息事态的保障措施等。一旦发生危机事件，确保发现、报告、指挥、处置等环节紧密衔接，并在学校统一领导下实施正确的决策指挥，各方人员能够联动响应，迅速到达各自应急岗位，各负其责开展工作，协同控制局面，切不可各自为政或者相互推诿。高校辅导员在预防和处置学生危机事件的过程中，必须自觉服从学校的统一指挥，既要认真执行学校的安排部署，也要真实反映学生的诉求，努力增进学生与学校之间的交流和信任，依靠各方面的力量积极促进事态缓和直至平息。

2. 掌握应对校园危机事件的有效方法

高校学生危机事件预防和处置工作政策性强、牵涉面宽、情况复杂，需要方方面面的协同配合和共同努力。辅导员作为高校最基层的学生教育管理工作者，要正确应对学生危机事件，不仅需要有一套完善的工作机制，还需要掌握多种有效方法，针对事件的成因、类型和特点灵活运用。

辅导员通常是学校与学生家长之间的最佳"联络员"，必然要与学生家长打交道。一般来说，高校发生学生危机事件，或多或少都会引起学生家长的反响和关注，有时可能学生家长担忧孩子的安全，有时还可能有学生家长在幕后支持。如果发生学生危机事件，辅导员要适时与学生家长尤其是参与事件的骨干分子的家长取得联系、说明情况、沟通信息，尽可能地争取学生家长的支持和配合，通过家长劝导分化学生群体，有效控制事态。

二、辅导员如何处理突发与紧急事务

（一）如何应对自己不能处理的问题

从客观上来讲，紧急事件发生时大多情况复杂，难以在短时间内做出判断，并且事态发展的影响因素也较多，仅凭辅导员个人的力量很难控制住事态的发展，从主观来讲，辅导员在个人知识面、能力水平、危机事件处理经验等方面有可能也存在欠缺，因此辅导员在紧急事件的处理中遇到自己不能处理的问题也是可以理解的。

一些辅导员在自己所管理的班级中发生紧急事务后，选择自己处理，控制事态，这是正确的，也反映了这位辅导员非常重视紧急事务的处理。但是要求辅导员尽可能地在第一时间内赶到现场，并尽量处理紧急事务，不等于要求辅导员必须自行将所有问题都解决。事实上，没有能够及时有效地处理好事情，有可能把事情变得更糟。所以辅导员应该克服"报喜不报忧"的错误思想，正确认识事件，只要有必要，就应该及时向院系汇报情况，听取指示。因为院系的学生工作主管教师会更有经验，同时也可以和学校各部门取得联系和协调，更好地解决紧急事务。

（二）如何与家长打交道

一般来讲，学生在学校遇到意外情况或者发生紧急事务，辅导员应当及时与家长取得联系，保持与家长的信息沟通，共同为解决问题和帮助学生而努力。大学生独自出门在外，家长的担心不可避免，除了操心孩子日常的学习生活外，还要担忧孩子是否会发生意外。一旦出现意外事件，辅导员应当从家长的角度出发考虑问题，及时充分地与家长进行意见交流和沟通，以免贻误问题解决的时机。在学生出现意外事件时，有的家长能够理解学校，但有的家长认为自己的孩子出现意外完全是学校的责任，辅导员在与这样的家长进行沟通时往往难以成功，甚至有时家长还会把所有的责任都推辅导员的头上。此外，在与家长进行沟通中如何表述事情的状况、学生的情况，以及学校的态度等，这些都会影响辅导员能否顺畅地与家长打交道。

在紧急事务处理过程中，与家长打交道同样是一门学问。一般来说，辅导员要及时与家长取得联系，解释情况，沟通信息，尽可能地争取家长的支持和配合。

与家长联络一要诚恳，二要耐心。将心比心，站在家长的角度，没有哪个家长愿意看到自己的孩子遭遇紧急事务，因此家长也常常会不愿意相信与承认事实，甚至情绪变得激动。在这时，辅导员的态度一定要诚恳，工作方式一定要耐心，要对家长做好解释工作，晓之以理，同时要尽可能地争取家长的支持和配合。绝大多数的家长都是通情达理的，很多时候，家长的配合在提供信息与线索、安稳学生情绪、事后处理与看护等方面，对于解决紧急事务都是非常有帮助的。

但也必须看到，有些家长也会对紧急事务的处理工作起到阻碍的作用。在这种情况下，辅导员工作就应该坚持"有理、有礼、有节"的原则。与家长的沟通应该采取循序渐进的方式，有时候一下子把所有情况和盘托出，也并不是明智的方法。同时也要注意观察和了解家长的反应，针对不同情况，有效地开展工作。而对于求情、游说等情况，辅导员应该坚持原则，特别是在处理违法违纪违规事件时，更应如此，但同时，辅导员也应该通过与家长沟通，告知家长，学生工作的出发点是和家长一致的，都是为了帮助学生回归到正常轨道上来。

（三）如何正确应对自己的困惑

高校辅导员目前普遍年轻化，因此往往缺乏经验，不仅在应对紧急事务的行为能力上有所欠缺，还在应对紧急事务的心理能力上有所欠缺。有的辅导员因为自己所带的班级里出现了紧急事务，处理过程劳心费力，而最后的结果却不尽如人意，这时候就容易产生挫折感，其结果或者是失去了对学生工作的热情，或者对自己的工作能力失去信心，导致此后工作无精打采，得过且过，甚至放弃了学生辅导员应履行的基本责任。这些一方面说明辅导员工作经验上的欠缺，另一方面也体现出了辅导员心理上的不成熟。要妥善处理好各种紧急事务，需要辅导员随时留心身边的人和事，认真总结学生工作中的各种经验教训，从中总结出一定的规律。同时辅导员还应该关注自己的心理健康，提升自身的心理素质，掌握一定的心理学常识和心理学方法，必要时应该与同事、院系学生工作负责人交流，或者求助心理咨询，正确面对，调节情绪，保持自己在危机事态面前临危不乱，果断准确地做出判断。

高校突发与紧急事务处理已经引起了社会各方面的重视，而各高校也正在努力完善处理体系，优化工作方法。

第六章　高校辅导员职业能力培养

第一节　职业能力培养的专业化、职业化导向

导向即引导的方向，它能引领事物向着某个方向或某个方面发展。加强高校辅导员职业能力培养，首先要明确导向，知道何去何从。从培养高素质专业化创新型教师的战略高度来看，专业化、职业化是高校辅导员职业能力培养的导向，也是其走上内涵式发展的必由之路。

一、坚持培养的专业化导向

专业化是高校辅导员职业能力培养的导向。没有专业化培养做基础，高校辅导员职业能力培养将长期处于低水平重复状态。

（一）加强高校辅导员职业能力培养的学科建设

把高校辅导员职业能力培养纳入学科建设领域，是培养专业化发展的必由之路。加强高校辅导员职业能力培养的学科建设，首先要明确学科定位，避免出现学科定位偏移、边界模糊等问题。高校辅导员职业能力培养的学科定位取决于高校辅导员的职业定位。高校辅导员是大学生日常思想政治教育和管理工作的组织者、实施者、指导者，其常规工作包括思想理论教育和价值引领、日常事务管理、发展指导，工作职责是做好日常思想政治教育工作、服务育人工作、人文关怀和心理疏导工作。角色定位、工作定位和工作职责决定了思想政治教育是高校辅导员的核心职能，也决定了高校辅导员职业能力培养的学科定位应为马克思主义理论一级学科下的二级学科，即思想政治教育。该学科定位只能加强，不能削弱。思想政治教育学科逐渐建立起本科、硕士到博士的人才培养体系，展现了强劲的发展态势，为高校辅导员职业能力培养提供了坚强的学科支撑。未来，高校辅导员职业能力培养应在思想政治教育学科领域内，加强包括基础理论和应用理论在内的学科理论体系建设，加强包括大学生思想政治教育、大学生发展指导、大学生事务管理等专业研究方向在内的学科专业体系建设，在融合学科理论体系建设和学科专业体系建设的基础之上，切实推进高校辅导员职业能力培养的专业化发展。

加强高校辅导员职业能力培养的学科建设不仅要明确学科定位，还应具备跨学科视野，博采众长。应在坚持思想政治教育学科定位的基础之上，挖掘并整合相关学科资源，在吸收、消化、融合的基础之上形成完整的、开放的学科体系；培养既具备大学生思想政治教育基本理论与方法，又能有效地开展思想理论教育和价值引领、党团和班级建设、学风建设、日常事务管理、心理健康教育与咨询、网络思想政治教育、职业规划与就业创业指导等的复合型人才。采用跨学科视野加强高校辅导员职业能力培养的学科建设，重在借鉴多学科的理论与方法，提炼特点、揭示规律、精选内容、改进方法、拓展途径、完善机制、优化环境等。当然，采用跨学科视野加强高校辅导员职业能力培养的学科建设，并不是说要把自己变成大杂烩、大拼盘，而是要把握好跨学科的"度"。

（二）建立高校辅导员职业能力培养的专业组织

建立高校辅导员职业能力培养的专业组织有利于营造浓厚的专业氛围。随着高校辅导员队伍的壮大和高校辅导员职业能力培养专业化要求的提高，建立专业组织已然成为加强高校辅导员职业能力培养的重要举措。目前，我国虽建立了一些专业协会，但这些专业协会在高校辅导员职业能力培养中发挥的作用还不够充分。针对当前专业组织建设存在的问题和未来工作的需要，应分层次、多类型地建立一批独立性强、覆盖面广、影响力大的专业组织。

第一，建立多层次的专业组织。既要建立全国性的专业组织，也要建立地方专业组织和高校内的专业组织。全国性的专业组织可在全国范围内开展示范培训、职业能力资格认证等。地方教育主管部门建立的专业组织既可承担本地区高校辅导员的岗前培训、日常培训和骨干培训，也可组织优秀辅导员进行学习交流、研修深造、挂职锻炼、科学研究。高校内部的专业组织可为本校辅导员提供互通信息、交流经验的平台。

第二，创立多种类型的专业组织。按性质划分，既有由高校辅导员根据自己的兴趣、爱好、特长建立的非正式专业组织，又有由地方教育主管部门、高校基于辅导员的工作职责、工作实务建立的正式专业组织；按工作内容划分，既有为高校辅导员职业能力培养提供系统服务的专业组织，又有针对具体培养内容的专业组织，如以学生学习与发展指导为主要研究内容的专业组织、以学生党团和班级建设为主要研究内容的专业组织、以学生心理健康教育与咨询为主要研究内容的专业组织、以学生职业规划与就业创业指导为主要研究内容的专业组织等；从工作方式来说，既可组建科研团队，提升高校辅导员队伍的科研能力，也可举办学术会议、出版专业刊物，促进高校辅导员之间的学术交流。一言以蔽之，建立多层次、多类型的专业组织，形成一个专业组织网络体系，将有利于高校辅导员职业能力培养的专业化发展。

（三）完善高校辅导员职业能力培养的课程体系

完善课程体系是促进高校辅导员职业能力培养专业化发展的基础环节。目前，高校辅导员职业能力培养还没有建立起系统、规范的课程体系。要加强理论探究和实践探索，逐步建立起层次分明、结构合理、功能互补的高校辅导员职业能力培养课程体系。

完善高校辅导员职业能力培养课程体系应把握好以下原则：第一，适时性原则，即课程设置要适应时代需要，不仅及时解答高校辅导员职业能力培养中的重大理论命题和现实课题，还能前瞻性展望前沿问题；第二，兼容并包原则，即课程设置要吸收借鉴国内高校辅导员职业能力培养和国外高校学生事务管理者职业能力培养的优秀成果，具备历史视野和国际视野；第三，针对性原则，即课程设置要立足高校辅导员职业能力现状，满足高校辅导员职业能力发展期待；第四，实用性原则，即课程设置要能培养大学生思想政治工作急需和高校辅导员紧缺的职业能力；第五，系统性原则，即课程设置要以技能训练为重点，科学合理、整体协调、层次分明。

高校辅导员职业能力培养的课程体系可设置为：以哲学、政治学、伦理学、教育学、心理学、社会学、管理学、法学为基础课程，以思想政治教育学原理、思想政治教育史、思想政治教育方法论、思想政治教育心理学、比较思想政治教育等思想政治教育基本理论与方法为专业基础课程，以党团和班级建设、学风建设、日常事务管理、心理健康教育与咨询、校园危机事件应对、职业规划与就业创业指导等大学生思想政治工作实务研究为主干课程。

（四）完善高校辅导员职业能力培养的教材体系

完善教材体系是促进高校辅导员职业能力培养专业化发展的重要前提。要有计划、有组织地编写一批基础课程教材和主干课程教材，形成以重点教材为核心，辅助教材为支撑，门类齐全、形式多样、各具特色的高校辅导员职业能力培养教材体系。具体做法为：①组建教材编写队伍。要组建一支由学术带头人、理论研究者和实践工作者组成的教材编写队伍，承担高校辅导员职业能力培养的教材编写工作。②立足现实。高校辅导员职业能力培养教材的编写要立足大学生思想政治教育实践和高校辅导员职业能力实际。③以学科建设为依托。编写高校辅导员职业能力培养教材要以大学生思想政治教育学科建设为依托，充分展示学科建设的最新理论成果。④研制和开发多媒体教材。要充分利用现代信息技术，研制和开发多媒体教材，以此增强高校辅导员职业能力培养的生动性和趣味性。⑤完善领导和管理机制。高校辅导员职业能力培养教材编写是一项政治性很强的工作，需加强领导和管理。应成立教材编审委员会，严格教材审批制度，防止教材编写中出现"多、滥、质量不高"

等问题。高校辅导员职业能力培养教材的编写应实行国家和地方两级管理。国家有关部门统筹规划、统一管理全国教材的编写工作，负责编写教学大纲、教学要求和全国通用教材；地方教育主管部门可按照国家统一颁布的教学大纲和教学要求，编写适应本地区实际的地方教材。高校可根据本校实际编写供本校使用的校本教材，但要报当地教育主管部门批准，并在批准范围内使用。此外，有关部门还要为高校辅导员职业能力培养教材的编写提供保障，在政策、资金、人员等方面提供便利。

（五）组建高校辅导员职业能力培养的专业师资队伍

组建一支坚持党的领导，具备马克思主义理论修养、扎实的思想政治教育及相关学科理论功底、丰富培养经验的师资队伍，不仅能为高校辅导员职业能力培养提供保障，还能为后续发展提供有力的人才支撑。当前，高校辅导员职业能力培养在师资队伍上存在数量不足、水平不高、年龄老化的问题。

针对当前存在的问题和未来工作的需要，可从两方面着手：第一，优选师资队伍。培训辅导员的教师必须具备较高的学术水平、理论修养和丰富的实践经验。根据这一规定，高校辅导员职业能力培养师资队伍的选拔要坚持"择优"原则，既将政治立场坚定、勇于开拓创新，具有丰富大学生思想政治教育理论知识和相关学科知识的专家、学者吸收进来，又从学校党政领导、相关职能部门负责老师、离退休教授中选拔具有丰富大学生思想政治教育实践经验的人加入，还要选拔工作在大学生思想政治教育第一线的优秀辅导员加入。同时，还要实现不同省市、高校培养师资的资源共享，促进优秀师资的跨省、校际流动，努力打造一个立体、全方位、开放的师资培养库。第二，精育师资队伍。要高度重视师资队伍的培育，在政策上给予优先保证，在经费上给予大力支持，着力打造一批理论功底扎实、实践经验丰富的理论大家、学术带头人、教学名师和后备人才。

（六）组织高校辅导员参加专业实践

专业实践是提升高校辅导员职业能力、提升专业化水平的重要途径。组织高校辅导员参加专业实践可从以下两方面入手：

第一，在专业教学中设置实践环节。高校辅导员要提升职业能力，首先需要丰富知识储备，完善知识结构。专业教学是提升高校辅导员职业能力的重要途径，但专业教学不是单纯的理论灌输，而是将理论与实践相结合，学以致用、学而能用的过程。要想充分发挥专业教学在高校辅导员职业能力培养中的作用，需要在专业教学中设置实践环节，鼓励和组织高校辅导员积极参加专业实践，在专业实践中提升职业能力。具体应做好以下工作：明确目标、合理规定课时、丰富内容、拓展途径、完善考评机制。

第二，组织专业特色鲜明的社会实践。专业特色鲜明的社会实践有利于高校辅导员开阔视野、拓展思维，提升解决实际问题的能力。应积极组织高校辅导员参加专业特色鲜明的社会实践，如组织社会调查，提升高校辅导员解决社会现实问题的能力；组织参观访问，引导高校辅导员学习典型的成功经验；组织挂职锻炼，提升高校辅导员的基层服务意识和能力。

二、坚持培养的职业化导向

职业化是高校辅导员职业能力培养的导向。没有职业化培养作保障，高校辅导员职业能力培养难以可持续发展。

（一）依据高校辅导员的职业定位开展职业能力培养

辅导员作为高校教书育人的重要力量，有明确的职业定位。

1. 依据角色定位开展职业能力培养

依据高校辅导员的角色定位开展职业能力培养，不仅能增强高校辅导员的自我角色认同，自觉地将高校辅导员职业当作一生的事业来追求，还能改变外界对高校辅导员的错误认知，提升高校辅导员的社会地位和学术地位。高校辅导员是大学生日常思想政治教育和管理工作的组织者、实施者、指导者，大学生成长成才的人生导师和健康生活的知心朋友。高校辅导员职业能力培养要依据高校辅导员的角色定位来进行，使其既能有效地组织各种教育力量、教育资源开展大学生日常思想政治教育和管理工作，又能具体实施大学生日常思想政治教育和管理工作，还能正确指导大学生党团和班级建设、学风建设、心理健康教育与咨询、职业规划与就业创业、校园文化建设；既能扮演好"学问之师"的角色，又能担负起"品行之师"的职责，引导大学生在"为学"的同时更好地"为人""为事"；既能与大学生倾心相交，共同分享成功与喜悦，又能与大学生并肩作战，共同面对困难与挫折。

2. 依据工作定位开展职业能力培养

依据高校辅导员的工作定位开展职业能力培养，能针对性地提升高校辅导员的职业能力。高校辅导员的工作定位是：按照学校党委的部署开展大学生思想政治教育活动，重点对学生开展思想政治教育、日常事务管理和服务工作；在大学生思想政治教育活动中既要协调与其他教育者的关系，形成教育合力，又要发挥大学生在思想政治教育中的主导作用。高校辅导员职业能力培养要依据高校辅导员的工作定位，提升高校辅导员的思想政治教育能力、日常事务管理能力和服务育人能力，充分发挥其在大学生思想政治教育中的基层骨干作用；提升高校辅导员的协调能力，使其能全面协调与其他教育主体的关系；提升高校辅导员的组织能力，充分发挥大学生在学校教育和自我教育中的主体性地位。

3. 依据工作职责开展职业能力培养

依据高校辅导员的工作职责开展职业能力培养，有利于明晰培养内容，克服主观随意性。高校辅导员的主要工作职责为：思想理论教育和价值引领、党团和班级建设、学风建设、学生日常事务管理、心理健康教育与咨询、网络思想政治教育、校园危机事件应对、职业规划与就业创业指导、理论和实践研究。

依据工作职责，高校辅导员职业能力培养的内容主要包括：第一，思想理论教育与价值引领能力。思想理论教育与价值引领是高校辅导员众多工作职责中的"主业"，这也决定了思想理论教育与价值引领能力是高校辅导员的核心能力。培养内容应以思想理论教育与价值引领能力为核心，将高校辅导员培养成能帮助大学生牢固树立正确世界观、人生观和价值观，有针对性地解决大学生思想认识、价值取向、学习生活和择业交友等问题的专业人才。第二，事务管理能力。日常事务管理是高校辅导员的工作职责之一。高校辅导员只有做好了这项基础工作，大学生才会愿意接受、乐于接受其教育引导和发展指导。这就决定了事务管理能力是高校辅导员的基础能力。培养内容应以事务管理能力为基础，将高校辅导员培养成能有效地开展新生入学教育、学生军训、贫困生资助、评奖评优、宿舍文化建设、违法违纪行为处理、毕业生文明离校教育及管理和服务等活动的专业人才。第三，发展指导能力。高校辅导员是大学生的引路人和指导者。这就决定了发展指导能力是高校辅导员的重要能力。培养内容应以发展指导能力为重点，将高校辅导员培养成能做好党团和班级建设、学风建设、心理健康教育与咨询、职业规划与就业创业指导、校园文化建设、社会实践指导等工作的专业人才。

（二）建立高校辅导员职业能力准入制度

建立高校辅导员职业能力准入制度，能将业务能力强的高校辅导员选入大学生思想政治教育队伍，从源头上保证高校辅导员的质量。

1. 贯彻落实职业能力标准

高校辅导员职业能力标准是国家对合格辅导员职业能力的基本要求，是推动高校辅导员专业化、职业化发展的基本准则，也是培养高校辅导员职业能力的政策依据。

2. 建立职业能力资格认证制度

建立职业能力资格认证制度，不仅有助于将职业能力过硬的优秀人才选入辅导员队伍，也有助于提升高校辅导员职业能力培养的社会认可度。随着高校辅导员队伍的专业化、职业化发展，高校辅导员职业能力资格认证制度将逐步完善。建立高校辅导员职业能力资格认证制度可从以下四方面入手：第一，明确认证主体。高校辅导员职业能力资格认证可由教育部主管部门统一领导、统筹规划，负责政策制定、宏观指导和检查监督。行业协会认证是国际上通行的第三方认证的做法，可由全国高校辅导员协会牵头执行，具体负责高校辅导员职业能力资格认证工作。第二，分类建立认证制度。根据高校辅导员工作内容的具体构成，可分类建立高校辅导员职业能力资格认证制度，明确不同类别高校辅导员的职业能力要求、职业能力资格认证标准和等级。第三，划分资格认证等级。可以将高校辅导员分为初级、中级和高级等三个职业等级[①]。第四，组织资格考试。高校辅导员职业能力资格考试可由全国高校辅导员协会牵头，具体负责组织工作。考试内容应包括与大学生思想政治教育工作相关的知识、技能，考试方式包括笔试和面试。笔试主要考察应聘者是否具备从事大学生思想政治工作的专业知识和职业能力，面试主要考察应聘者解决大学生思想政治教育实际问题的能力。

（三）加强高校辅导员职业能力规划

职业能力规划有助于高校辅导员职业能力的可持续发展。辅导员专业化成长不仅是辅导员自身发展的问题，亦是组织可持续发展的问题。因此，加强高校辅导员职业能力规划包括组织和个人两个层面。

1. 高校应加强对辅导员职业能力规划的指导

高校应着眼于辅导员职业能力的可持续发展，加强对辅导员职业能力规划的宏观指导。第一，宣传引导。高校要大力宣传学校发展目标、发展任务和人才培养计划，引导辅导员从宏观角度认识自身工作的意义和价值，将自我发展目标与学校发展目标相整合，制订既能促进学校整体发展，又能实现自我全面发展的职业能力目标。第二，分类指导。处于不同职业发展阶段的高校辅导员，他们的职业能力发展目标是不同的，高校给予他们的职业能力规划指导也不尽相同。对于初级辅导员，高校应指导他们制订能尽快适应大学生思想政治工作的规划。对于中级辅导员，高校应指导他们制订能提升职业能力水平、完善职业能力结构的规划。对于高级辅导员，高校应指导他们制订能探究大学生思想政治

---

① 谢志芳，魏鹏. 为"领路人"导航：新媒体时代高校辅导员素质建设研究[M]. 镇江：江苏大学出版社，2021.

教育规律，创造性开展大学生思想政治工作的规划。第三，创造条件。高校辅导员职业能力规划的实现需要一定条件。高校应在政策、资金、技术、时间等方面创造有利条件，帮助辅导员实现职业能力规划。第四，与时俱进。高校要善于根据形势发展和环境变化，指导辅导员与时俱进地调整职业能力规划，循序渐进地实现职业能力目标。

2．高校辅导员应积极开展职业能力规划

从根本上讲，职业化发展是高校辅导员内在发展需求的外显。高校辅导员作为自身职业能力规划的主体，需具备自觉意识，能根据自身职业能力现状和外部环境，结合大学生思想政治教育要求和个人发展需求，积极开展职业能力规划。第一，自我分析。自我分析是高校辅导员开展职业能力规划的前提和依据。高校辅导员要对自己的爱好特长、性格特征、专业背景、工作意愿、职业能力现状等进行全面客观的分析，准确定位职业能力发展目标。第二，衡量匹配程度。高校辅导员要将自身职业能力与岗位要求进行对比，衡量二者的匹配程度，了解自身职业能力发展的优势和劣势。第三，了解职业环境。职业环境是职业活动的外部影响因素之一。高校辅导员只有明晰职业环境，才能扬长避短、趋利避害，有针对性地开展职业能力规划。第四，系统规划。系统规划有利于增强实效性。高校辅导员要根据学校发展目标、自身职业能力现状及发展需求、职业环境等，明确职业能力发展目标、制订职业能力提升计划及策略等。第五，践行职业能力目标。职业能力发展目标确定后，高校辅导员应努力通过实践将目标变为现实。

第二节　职业能力培养的内容与途径

一、增强职业能力培养内容的针对性

培养内容是培养目的和任务的具体化。全面把握培养内容，并根据不同培养对象的实际情况加以灵活运用，有利于增强培养的实效性。基于高校辅导员职业能力培养内容针对性不强的问题，可从以下几个方面着手。

（一）彰显时代特征

当今时代的特征可概括为：经济全球化、政治多极化、文化多元化和社会信息化。高校辅导员职业能力培养内容要充分彰显这些时代特征。

1. 观照经济全球化

经济全球化是一把"双刃剑"，既为我国经济社会发展带来了机遇，也对我国的经济、政治、文化提出了挑战。身处经济全球化时代的大学生思想活跃、视野开阔，但由于社会阅历的欠缺、知识水平的限制，他们对经济全球化缺乏全面客观的认知和了解，部分大学生以经济、科技作为价值判断的唯一标准，因此，引导大学生正确认识和积极参与经济全球化是高校辅导员的工作职责。高校辅导员职业能力培养要结合经济全球化提升高校辅导员的职业能力，使其既能引导大学生适应经济全球化发展趋势，以宽广的视野看待经济全球化，以积极的态度参与经济全球化；又能教育大学生理性认识经济全球化，学会在经济全球化中维护国家主权和民族尊严。

2. 回应文化多元化

文化多元化时代，不同国家和民族间的文化交流交融，促进了人类文化的繁荣与发展，但多元文化在交流交融的过程中也带来了民族文化与异质文化的交锋。引导大学生正确认识和积极应对文化多元化是高校辅导员的工作职责。高校辅导员职业能力培养要结合文化多元化提升高校辅导员的文化建设能力和文化育人能力，使其能继承和发扬中华优秀传统文化，促进社会主义先进文化建设；能推动中国特色社会主义文化融入人类文化发展长河，在与不同文化交流交融交锋的过程中，彰显中国特色社会主义文化的先进性，增强中国特色社会主义文化的感召力；能繁荣具有中国特色、体现时代要求的校园文化，培育滋养心灵、涵育品行、引领风尚的大学精神，把大学建设成为精神文明建设示范区和辐射源。

3. 应对社会信息化

社会信息化时代，各种信息资源能最大限度地得到开发和利用。信息化对大学生的影响最为广泛、深刻。它不仅给大学生的学习、工作和生活带来了便利，也对大学生的素质和能力提出了新的更高的要求。引导大学生应对社会信息化是高校辅导员的工作职责。高校辅导员职业能力培养要结合社会信息化，培养高校辅导员的信息意识和信息处理能力，使其能通过社会调查、观察体验、思想预测等方法获取大学生思想政治教育信息，能通过矛盾分析、系统分析、因果分析、比较分析、定性定量分析等方法分析大学生思想政治教育信息，能运用去粗取精、去伪存真、由此及彼、由表及里等方法处理大学生思想政治教育信息。

(二) 观照思想政治教育对象

大学生的思想现状和发展期待是高校辅导员职业能力培养的现实基点。加强高校辅导员职业能力培养要立足于大学生思想现状、着眼于大学生的发展期待。

1. 立足于大学生的思想现状

大学生思想现状是加强高校辅导员职业能力培养的现实依据。可以说，当代大学生思想政治道德素质的主流是好的，但仍有部分大学生在理想信念、价值取向、诚信意识、心理素质等方面存在不同程度的问题，迫切需要高校辅导员给予教育引导。高校辅导员职业能力培养要立足大学生思想行为特点及思想政治状况，有针对性地帮助大学生处理好思想认识、价值取向、学习生活、择业交友等方面的具体问题。

2. 着眼于大学生的发展期待

高等教育从精英教育迈向大众教育后，学业竞争和就业竞争日益加剧，大学生在学习、生活、发展等方面的期待发生了新变化。这不仅要求高校辅导员的工作职能要随之拓展，也要求其职业能力要随之提升。例如，随着大学生学业压力的增加，高校辅导员要能培养学生学习的兴趣，指导学生养成良好的学习习惯，规范学生的学习行为。在就业压力面前，高校辅导员要能为大学生提供高效优质的就业指导和信息服务。又如，大学生群体心理问题日益凸显，这就要求高校辅导员要能对其开展心理健康教育与咨询。再如学分制的实行、后勤服务社会化使得原有的学生管理模式难以满足学生个性化的发展期待，这就要求高校辅导员能打破传统的教育管理模式，探究新的教育管理模式。高校辅导员职业能力培养要着眼于大学生的发展期待，着力培养高校辅导员的学业指导能力、职业规划与就业创业指导能力、心理健康教育与咨询能力、学生事务管理能力和服务育人能力等。

(三) 关注高校辅导员职业能力现状

职业能力现状是高校辅导员职业能力培养的立足点。加强高校辅导员职业能力培养要关注高校辅导员职业能力现状。

1. 重点培养高校辅导员的核心能力

思想政治教育能力是高校辅导员的核心能力。高校辅导员职业能力培养的内容非常丰富，但诸多内容的地位和作用不是平行的。职业定位决定了思想政治教育能力是高校辅导员职业能力培养的核心内容，决定着内容体系的性质和方向。然而，在现实生活中，高校辅导员的工作负荷较大，面对数百名大学生，整日忙于琐碎性事务，无心无力开展深入细致的思想理论教育和价值引导，思想政治教育能力较为薄弱。因此，要重点培养高校辅导员的思想政治教育能力，使高校辅导员能够教育大学生形成正确的思想观念、思想路线、思维方式和思想作风，能够教育大学生确立马克思主义科学信仰、中国特色社会主义共同理想，能够教育大学生内化道德规范、形成道德观念、发展道德判断、践行道德要求、养成道德习惯。

2. 丰富高校辅导员职业能力培养内容

职业能力欠缺是当前高校辅导员存在的一大突出问题。加强高校辅导员职业能力培养，不仅要突出核心内容，而且要随时代发展和社会进步丰富培养内容，形成诸多培养内容有机联系、相互协调的合理结构。做好日常思想政治教育工作、服务育人工作、人文关怀和心理疏导工作，是高校辅导员的工作职责。基于高校辅导员的工作职责，丰富高校辅导员职业能力培养内容应从教育引导、事务管理和发展指导等方面入手。

3. 更新高校辅导员职业能力培养内容

无法适应新形势、胜任新任务、解决新问题是当前高校辅导员存在的又一突出问题。这就要求高校和培养机构等不断更新高校辅导员职业能力培养内容，实现职业能力的要素更新和结构升级。教育引导能力方面，要加强新时代中国特色社会主义思想教育能力、中国梦宣传教育能力、社会主义核心价值观教育能力等的培养；事务管理能力方面，要加强新生入学教育能力、毕业生教育及管理服务能力、新生军事训练组织能力、奖励评估能力、宿舍文化建设能力、校园危机事件应对能力等的培养；发展指导能力方面，要加强学风建设能力、心理健康教育与咨询能力、网络思想政治教育能力、职业规划与就业创业指导能力等的培养。

二、充分发挥高校辅导员职业能力培养途径的作用

培养途径是培养的实现路径，对于达成培养目的、完成培养任务具有重要意义。加强高校辅导员职业能力培养，要充分发挥社会培养途径和自我培养途径的作用。

(一) 充分发挥社会培养途径的作用

高校辅导员职业能力的社会培养，是指国家或社会组织对高校辅导员职业能力的培养。社会培养的优点是规模大、覆盖面广、门类齐全。

1. 充分发挥学位进修的应有作用

学位进修是系统提升高校辅导员职业能力的重要途径。思想政治教育专业设立的多年里，部分高校辅导员以国家政策为依托在职攻读思想政治教育专业相关学位，学成后，职业能力显著提升，成为大学生思想政治教育的主力军。新时期，要继续鼓励和支持高校辅导员在做好大学生思想政治工作的同时攻读相关学位。第一，要高度重视。领导重视程

度不够是学位进修的作用发挥不充分的重要原因。高校应鼓励和支持辅导员攻读学位，促使他们在学位进修中全面提升职业能力，努力成为大学生思想政治工作的专家、学者。高校在鼓励和支持辅导员攻读学位时，首先要积极推荐符合条件的辅导员在职攻读学位。攻读学位期间，领导要关心他们的学习、生活。对于获得学位重返工作岗位的辅导员，学校要合理安排使用，切实做到人尽其才。第二，要整体推进教学改革。学位进修教学过程中存在的问题制约着其应有作用的发挥。为此，要整体推进教学改革，不断提高教学质量，建立健全适应大学生思想政治教育实践和高校辅导员职业能力现状的教学体系。第三，要加强师资队伍建设。师资队伍不足、后继乏人是妨碍学位进修顺利进行的重要因素。充分发挥学位进修在高校辅导员职业能力培养中的作用，需要打造一支政治素质过硬、业务能力强、育人水平高超的师资队伍。为此，要积极采取措施，在政策和资金上给予优先保证，以培养学术带头人和中青年骨干教师为重点，着力打造一支理论功底扎实、实践经验丰富的师资队伍。

2. 充分发挥在职培训的主导作用

在职培训是提升高校辅导员职业能力的主要途径，在高校辅导员职业能力培养中发挥着主导作用。高校辅导员在职业发展的不同阶段面临着不同的任务，这就需要我们建立分层培训体系。

第一，建立分层培训模式。分层培训模式有助于高校辅导员职业能力培养的高效完成。当前，各地各高校应以促使高校辅导员专业化、职业化发展为导向，以全国高校辅导员示范培训为龙头，以教育部、省（区、市）高校辅导员培训和研修基地为重点，以高校岗前培训、日常培训和骨干培训为基础，建立分层培训模式。建立分层培训模式，要注意不同层次之间的衔接和补充，既体现阶段性又体现整体性。

第二，分层设置培训内容。高校辅导员职业能力培训要根据不同培训对象分层设置培训内容。高校辅导员职业能力培训的内容可分层设置为：①基础能力培训。这主要是针对初级辅导员，通过对他们开展入职培训、岗位适应培训、业务知识培训、职业技能培训，帮助他们掌握主题班会、党团活动、社会实践、个别谈心等基本工作方法，提升基础工作能力；②关键能力培训。这主要是针对中级辅导员，通过对他们开展职业培训，帮助他们具备较强的教育引导能力、事务管理能力和发展指导能力；③创新能力培训。这主要是针对高级辅导员，通过对他们开展科研能力和创新能力培训，帮助他们掌握规律性、前沿性知识，创造性开展大学生思想政治教育。

第三，利用多样化培训机构。开展高校辅导员职业能力培训的机构较多，要充分发挥高校、党校、行政学院、社会培训机构等的作用。随着改革开放的不断推进，国外培训机构在高校辅导员职业能力培训中的作用日益凸显。要积极选送优秀辅导员走出国门，充分利用国外培训机构在培训法规、课程设置、培训手段、师资队伍等方面的优势。

第四，采用多样化的培训方式。高校辅导员职业能力培训的方式较多，既包括传统培训方式，也包括现代培训方式。一方面，我们要充分采用传统培训方式，赋予传统培训方式新的时代内涵，如课堂教学、理论学习等传统培训方式的当代诠释就在于紧密结合大学生思想政治教育的新变化和高校辅导员职业能力培养的新要求。另一方面，我们要根据时代发展和社会进步，不断创新培训方式，如专题讲座、社会实践、实地考察、活动观摩、情景模拟、拓展训练、答辩演讲、案例分析、课题研究、学术交流等方式，有利于充分调动高校辅导员参加职业能力培养的积极性、主动性和创造性。

第五，采用多样化培训手段。高校辅导员职业能力培训可采用的手段较多，我们要用现代信息技术改造传统单一的培训手段，实现传统培训手段和现代培训手段的整合。

3. 充分发挥社会实践的关键作用

"耳闻之不如目见之，目见之不如足践之。"社会实践是高校辅导员职业能力发展的土壤、职业能力展现的舞台，是提升高校辅导员职业能力的关键。高校辅导员职业能力培养要坚持理论教育与实践养成相统一的原则，促使高校辅导员在实践中增长才干。为此，各地各高校要制订计划，分期、分批组织高校辅导员参加社会实践，鼓励和引导他们在社会实践中锤炼作风、砥砺品质、增长才干。

要充分发挥社会实践在高校辅导员职业能力培养中的关键作用，应做好以下几点：第一，各地各高校应结合工作需要和现有条件，鼓励和引导辅导员参加社会实践，竭力为辅导员参加社会实践提供机会、搭建平台。第二，要结合高校辅导员肩负的时代重任和特有的职业身份合理安排社会实践岗位，引导高校辅导员在社会实践中培育"想干事"的意识和"能干事"的本领。第三，要健全保障机制，在制定倾斜政策的同时保证经费投入；要健全监督机制，开展全面考核和客观评价；要健全激励机制，利用报刊、广播、电视、网络等传媒手段宣传高校辅导员参加社会实践的典型经验和先进事迹，辐射带动更多的高校辅导员积极投身社会实践。

4. 充分发挥出国研修的辅助作用

出国研修是高校辅导员职业能力培养途径的拓展。选送优秀辅导员出国研修，有利于他们开阔视野、增长见识，提升应对国际挑战、解决实际问题的能力。地方和高校应分期、分批选送优秀辅导员到国外大学和研究机构进行研修，帮助他们获取前沿知识，掌握先进工作方法，提升学生事务管理能力。要充分发挥出国研修在高校辅导员职业能力培养中的作用可从以下几方面入手：第一，充分利用各种出国研修项目。高校辅导员可参加的出国研修项目有国家留学基金委员会资助的国家公派项目、地方政府部门资助的单位公派项目、国外大学或科研机构资助的项目、学校公派项目、企业或基金会资助的项目等；第二，丰富出国研修方式。高校辅导员参加出国研修的方式有：攻读学位、博士后研究、课题研究、短期访问、课程学习等；第三，统筹规划出国研修。将高校辅导员出国研修纳入师资队伍建设的整体规划，学校统筹安排，人事处组织落实，国际交流与合作处派出，院系配合。

（二）充分发挥自我培养途径的作用

高校辅导员职业能力的自我培养，是指高校辅导员主动提升职业能力。要促使高校辅导员职业能力培养从外生型向内生型转变，高校辅导员自身需树立自觉成长意识，紧随时代步伐，立足现实需要，主动提升职业能力。

1. 充分发挥理论学习的基础性作用

充分发挥理论学习在高校辅导员职业能力培养中的基础性作用，首先需要丰富理论学习的内容。其中，高校辅导员理论学习的内容包括：马克思主义理论、哲学、政治学、伦理学、教育学、心理学、社会学、管理学等学科的基本原理和基础知识；思想政治教育学原理、思想政治教育史、思想政治教育方法论、思想政治教育心理学、比较思想政治教育等思想政治教育专业基本理论、知识和方法；学业指导、党团建设、贫困生资助、学生奖惩评估、心理健康教育与咨询、职业规划与就业指导、社会实践、校园文化建设、网络思想政治教育、危机事件处理等大学生思想政治教育工作实务相关知识。此外，高校辅导员还要学习现代科学技术知识和相关法律法规。高校辅导员强化理论学习，应树立终身学习理念，具备终身求知的意识、能力和习惯；改革学习方式，组建学习型团队；拓展学习途径，向书本学、向实践学、向大学生学。

2. 充分发挥信息交流的合力作用

信息时代，高校辅导员要卓有成效地开展大学生思想政治教育，需要具备信息意识，善于进行信息交流。要充分发挥信息交流在高校辅导员职业能力培养中的合力作用可从以下几方面入手：

第一，加强与大学生之间的信息交流。大学生思想政治教育是教学相长的过程。高校辅导员的施教建立在对大学生全面、客观的了解之上。高校辅导员应加强与大学生的信息交流，准确掌握他们的思想动态及发展期待。在与大学生交流信息的过程中，高校辅导员还可以从大学生那里获取有益信息，促进自身的发展进步。

第二，加强高校辅导员之间的信息交流。大学生思想政治教育是一项系统工程，要形成教育的协同效应，需要所有高校辅导员同向同行，通力合作。高校辅导员要加强彼此之间的信息交流，在交流学习心得、工作经验中提升职业能力。高校辅导员可通过高校辅导员工作研究会、高校辅导员职业技能大赛、高校辅导员工作沙龙、高校辅导员工作论坛等加强相互之间的信息交流，不断提升队伍的整体工作水平。

第三，及时关注社会动态，掌握最新社会信息。在信息时代，高校辅导员工作要取得实效，需要了解影响大学生思想政治教育的外部环境因素。为此，高校辅导员应及时关注社会动态，掌握最新的信息，通过各种渠道了解影响大学生思想政治教育的外部环境因素。

3. 充分发挥科学研究的支撑作用

开展科学研究有利于把握事物发展的客观规律。高校辅导员要积极开展科学研究，为职业能力的提升提供学理支撑。要充分发挥科学研究在高校辅导员职业能力培养中的支撑作用可从几个方面入手：第一，丰富研究内容。高校辅导员研究的内容包括基础理论研究和应用理论研究两个部分。就基础理论研究而言，高校辅导员既要从总体上加强对大学生思想政治教育学科理论体系和学科专业体系的研究，还要加强对大学生思想政治教育主干学科和分支学科的研究。此外，高校辅导员还要适应大学生思想政治教育的新变化，对大学生思想政治教育实践迅速发展而基础理论研究滞后的问题开展研究。第二，拓展研究途径。高校辅导员拓展研究途径可以延伸为：开展专项调查、撰写调查报告、研究工作案例、申请科研课题、组建学术团队、交流协同创新等。第三，争取有关部门的支持。充分发挥科学研究在高校辅导员职业能力培养中的作用还需得到有关部门的大力支持，如教育部要继续在人文社会科学研究专项任务中设立辅导员专项，逐步加大项目经费支持力度；地方教育主管部门应在高校人文社科研究项目申报中设立辅导员专项，在政策、资金等方面适当倾斜；高校应拨出专项经费设立专项课题，鼓励和支持辅导员结合工作实践开展科学研究。

参考文献

[1]贝静红.高校辅导员队伍专业化发展研究[M].武汉:武汉大学出版社,2016.

[2]陈虹.高校辅导员工作理论与实务[M].天津:天津科学技术出版社,2011.

[3]陈梦莹.辅导员工作实践与探索[M].长春:吉林大学出版社,2021.

[4]陈文文.高校辅导员对大学生就业指导工作研究[J].新教育时代电子杂志(教师版),2023(23):46—48.

[5]陈曦.柔性管理政策的高校辅导员管理模式研究[J].理论观察,2021(3):153—155.

[6]程来.心理学视角下的高校辅导员教育管理工作研究[J].科技资讯,2021(24):90—92.

[7]邓猛,莫忧,何世平,等.高校辅导员工作案例实证分析[M].成都:电子科技大学出版社,2015.

[8]付秋静,于春滨.大数据背景下高校辅导员数据素养教育培养研究[J].大学(研究与管理),2022(12):156—160.

[9]甘启足,熊辉.新时代高校辅导员的工作职责与管理模式[J].科教导刊,2019(6):81—82,96.

[10]耿俣,尚文勤.论高校辅导员工作情绪管理能力的提升[J].广西科技师范学院学报,2020(2):117—120.

[11]龚绍波,郭金龙.高校宿舍辅导员教育管理工作内容研究[J].才智,2017(26):97.

[12]何登溢.高校辅导员职业发展研究[M].北京:高等教育出版社,2018.

[13]何晓埮.目标管理在高校辅导员思政教育工作中的应用研究[J].教育科学(全文版),2016(3):294.

[14]胡金波.高校辅导员职业化发展研究[M].苏州:苏州大学出版社,2010.

[15]黄瑞宇.新时代高校学生工作的创新研究与实践探索[M].北京:中国政法大学出版社,2020.

[16]黄薇,金典,李娜,等.高校辅导员线上思想政治教育工作的路径探究[J].中国林业教育,2022(4):26—29.

[17]冀丽,蒋浪.目标管理在高校辅导员思政教育工作中的应用研究[J].商,2015(12):100.

[18]简敏.守正与创新高校辅导员"六点工作法"[M].长春:吉林大学出版社,2022.

[19]江涛章.新媒体时代背景下高校辅导员思政教育创新模式研究[J].广东交通职业技术学院学报,2023(3):120—123,128.

[20]姜巍.高校辅导员学生管理工作的创新研究[J].新教育时代电子杂志(教师版),2021(9):147.

[21]李昆,郭世杰.新时代高校研究生辅导员工作探析[J].内蒙古教育,2021(6):23—25.

[22]李昕.试谈高校学生管理中辅导员工作[J].经济师,2022(1):189—190.

[23]梁彩玲,申靖宇,张志儒.高校辅导员学生管理工作标准路径探索[J].大众标准化,2022(21):163—165.

[24]梁昌秀."三全育人"视域下高校辅导员理论宣传教育能力提升研究[J].教育观察,2021(5):67—70.

[25]刘超.高校学生工作思考与探索 2020[M].郑州:郑州大学出版社,2021.

[26]刘小倩.高校辅导员落实心理健康教育管理的角色探索及研究[J].现代职业教育,2022(39):122—125.

[27]陆宝萍.高校学生公寓管理及文化建设初探[M].北京:北京理工大学出版社,2021.

[28]马洁.心理学视角下的高校辅导员教育管理工作研究[J].新教育时代电子杂志(教师版),2021(1):133.

[29]马娟.高校辅导员工作有效性评价指标体系研究——基于学生教育和管理的双重维度[J].中国农业教育,2015(1):49-53.

[30]乔焱宁.管理心理学视角下民办高校辅导员教育管理工作的探索研究[J].教育科学(引文版),2016(8):11.

[31]阙海祥.高校辅导员学生管理工作研究[J].传播力研究,2020(22):164-165.

[32]童文胜.高校学生事务管理工作研究与思考[M].武汉:华中科技大学出版社,2017.

[33]王兰香.素质教育背景下高校辅导员工作的项目化管理研究[J].江西电力职业技术学院学报,2019(11):106-107,110.

[34]文卉.高校辅导员工作与课程思政深度融合之研究[J].新教育时代电子杂志(教师版),2023(13):91-93.

[35]杨春娟.基于"4R危机管理模型"的高校辅导员危机事件管理机制研究[J].亚太教育,2021(20):56-57.

[36]杨德新,李黎炜.高校辅导员思政教育工作面临的问题与解决策略[J].文化创新比较研究,2022(14):146-149.

[37]张桂芳.高校思政课教师与辅导员队伍协同工作问题研究[J].文教资料,2023(8):102-105.

[38]张晗.大数据时代高校辅导员学生管理工作探究[J].科技资讯,2022(6):232-234.

[39]张景新,罗朝新.高校辅导员心理契约对工作绩效的影响研究[J].桂林航天工业学院学报,2022(1):66-73.

[40]张荣光.新时代高校辅导员思想政治教育工作的实效性研究[J].教育观察,2022(19):32-34.

[41]张元杰.高校教育管理信息化发展下研究生辅导员工作的思考[J].青年与社会(上旬刊),2013(9):142.

[42]赵丽.高校辅导员在教育管理中的工作现状及对策研究[J].时代教育(教育教学刊),2012(1):82-83.

[43]周国明.高校稳定工作考核评估体系研究[M].宁波:宁波出版社,2014.

[44]周家伦.高校辅导员理论、实务与开拓[M].上海:同济大学出版社,2011.

[45]周涛.新时代高校辅导员价值引领功能探索[M].上海:同济大学出版社,2020.